만화로 보는
조승연 이우일의
단어 인문학

조승연 · 이우일의 단어 인문학

1판 1쇄 발행 2018. 12. 7.
1판 3쇄 발행 2023. 1. 26.

지은이 조승연

발행인 고세규
편집 김철호, 사공영 | **디자인** 이은혜
발행처 김영사
등록 1979년 5월 17일(제406-2003-036호)
주소 경기도 파주시 문발로 197(문발동) 우편번호 10881
전화 마케팅부 031)955-3100, 편집부 031)955-3200 | **팩스** 031)955-3111

값은 뒤표지에 있습니다.
ISBN 978-89-349-8313-2 03740

홈페이지 www.gimmyoung.com 블로그 blog.naver.com/gybook
인스타그램 instagram.com/gimmyoung 이메일 bestbook@gimmyoung.com

좋은 독자가 좋은 책을 만듭니다.
김영사는 독자 여러분의 의견에 항상 귀 기울이고 있습니다.

이 도서의 국립중앙도서관 출판시도서목록(CIP)은 서지정보유통지원시스템 홈페이지(http://seoji.nl.go.kr)와 국가자료공동목록시스템(http://www.nl.go.kr/kolisnet)에서 이용하실 수 있습니다. (CIP제어번호: CIP2018027127)

만화로 보는

조승연 이우일의 단어 인문학

조승연 글 | 이우일 그림

김영사

여는 말

'설레고 재미있는 영어공부'를 위해

외국어 공부는 설레고 재미있는 일이어야 합니다. 하지만 대부분의 사람들에게 영어는 스트레스죠. 그 가장 중요한 이유가 단어입니다. 단어는 외워도 잊어버릴 수 있을 뿐 아니라, 잘 아는 단어가 나와도 '왜 그 단어가 거기에 있지?' 하는 생각이 들 때가 많지요. 또 단어를 아무리 외워도 막상 미국 드라마나 책을 보면 끊임없이 새로운 단어가 쏟아져 나오죠. 얼마나 단어를 외워야 영어를 무리 없이 할 수 있을까 짜증이 나다가 결국 포기하게 됩니다.

왜 그럴까요? 우리는 모국어를 공부할 때 단어를 외운 적이 없습니다. 그리고 모국어로는 신조어를 접하거나 신문에서 한자를 조합해서 만든 새로운 전문용어를 봐도 굳이 사전을 찾지 않습니다. 소리를 들으면 대략 무슨 뜻인지 유추할 수 있기 때문입니다. 우리가 단어를 외우지 않아도 모국어를 잘할 수 있는 이유를 저는 '어휘 추리력'이라고 부릅니다. 이 어휘 추리력 없이는 아무리 영어를 오래 열심히 공부해도 인간의 상상력이 매일같이 쏟아내는 방대한 어휘를 외울 수 없습니다.

인간은 단어를 외워서 쓰지 않습니다. 문장도 마찬가지입니다. 지금 이 머리말에 있는 문장들은 제가 국어시간에 외운 문장들이 아닙니다. 그때그때 제 생

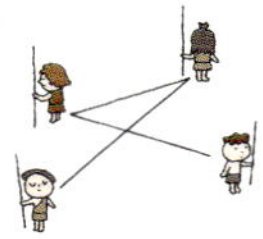

각에 따라서 문장을 만들고 있지요. 단어도 마찬가지입니다. 모국어를 쓸 때 우리는 어렸을 때 배운 몇몇 단어만 외우고 있지요. 그리고 그 단어들을 상황에 따라서 요리조리 붙여서 새로운 단어를 만들어서 씁니다. 미국의 유명한 언어심리학자 스티븐 핑커 박사는 이것을 '단어와 규칙Words and Fules' 시스템이라고 했습니다. 아주 기초적인 단어를 알고 있고 그 단어가 변형되는 규칙을 알면 수십만 개, 수백만 개의 새로운 단어를 만들어도 같은 시스템을 알고 있는 사람들과는 소통이 가능하다는 것이죠.

그런데 그런 관점에서 영어 단어들을 자세히 들여다보면 요것들이 상당히 재미있습니다. 옛날부터 있어온 단어가 아이를 낳는 것처럼 여러 단어로 나눠지기도 하죠. 또 헤어졌던 가족이 다시 만나듯이, 한 단어에서 파생한 여러 단어가 프랑스, 독일, 이탈리아에 흩어져 있다가 따로따로 영어 속으로 들어오기도 합니다. 사람도 유아기, 사춘기, 어른 때의 모습이 다 다른 것처럼 영단어도 의미가 180도 바뀌기도 하고, 의미는 같은데 전에는 칭찬이었던 단어가 갑자기 욕이 되기도 합니다. 영단어의 스토리 많고 다이내믹한 삶을 지켜보면 생전 처음 보는 단어들의 나이테를 읽을 수 있게 됩니다.

한국인은 한자를 몰라도 우리말을 잘 하지만, 외국인들은 한자를 알지 못하고 한국말을 배우다가 한계를 느끼는 경우가 많습니다. 우리 단어를 요리조리 바꾸고 조합하는 방법을 우리는 어렸을 때부터 익히 알고 있지만, 서양 친구들은 한자를 배우면서 동양의 역사와 문화도 배우고 사자성어 속의 스토리도 배워야 한국말이 이해되는 것이죠. 그렇다면 동양인인 우리가 영어를 배울 때도 그들의 고전을 배우면 될 것입니다. 하지만 우리가 영어를 배우기 위해서 라틴어와 고대 그리스어를 배울 수 있는 것은 아니기 때문에, 영어를 배우는 분들에게 가장 유용할 것이라고 생각되는 영어의 역사 속 이야기와 재미있는 단어 이야기를 만화 형태로 한 군데에 모아 보았습니다. 영어 울렁증을 물리치고, 설레고 재미있는 마음으로 영어를 다시 마주할 수 있는 계기가 되었으면 합니다.

조승연

차례

0 출발하기 전에 세 가지 개념을 알자

개념 1 **형태소**

단어를 이루고 있는 가장 작은 덩어리(최소 단위)

개념 2 **형태학**

단어를 최소 단위(형태소)로 나누어 떼었다 붙여서 새 단어를 만드는 일

개념 3 **잠존 형상**

형태소가 그려내는 특정한 형상

여러분은 '개'라는 단어가
무슨 뜻인지 아시죠?
개
그렇습니다. 멍멍이죠.
부르셨어요 주인님.
'개'라고 하면 귀여운 리트리버나
푸들이 떠오르는 사람도 있고,
집 마당에 있는 누렁이나 삽살개가
떠오르는 사람도 있겠죠.
내가 짱!
깨갱
그런데 이 '개'가 항상 동물인 '개'를
가리키는 뜻으로 쓰이는 것은
아닙니다.
개 ≠
어떤 친구가 이야기를 하는데,
그 친구에게 "개소리!"라고 말한다면
개소리!
어쩌구~ 저쩌구~
그, 그렇게 심한 말을…
이건 '개 짖는 소리' 즉 '사람 말
같지도 않은 소리'라는 뜻입니다.
힝~ 말이 아니면 뭔데…
개소리라니까.
그런데 어떤 친구가 사온
새 장난감이나 신발을 보고
"개멋있다"라고 하면
개멋있어!
엣헴_
이때 '개'는 갑자기 '아주'라는 뜻이
됩니다.
기, 기분 안 나빠?
아니. 개 좋은데?
또 아버지께서 "방이 개판이야"
하면서 청소하라고 할 때의 '개'는
'엉망진창'이라는 뜻이 되죠.
음료수 병
삼 일 지난 속옷
만화책
코푼휴지

이것이 바로 언어의 묘미입니다.
진짜 '개' = 개 = '아주'
= '엉망진창'
개라는 하나의 단어가 '아주 나쁘다, 아주 좋다, 엉망이다'로 쓰이니까요.
흐흑-
내 소리가 개소리라니!
그렇다면 우리가 저 많은 단어를 다 알아듣는 이유는 무엇일까요?
개소리!
개멋있어!
개판이야!
그건 우리가 '개'라는 동물에 대해 특별한 인상을 갖고 있기 때문이죠. 예부터 개는 흙마당에서 생활하고 아무거나 먹기에 더럽다고 생각했습니다.
뭘 봐!
똥개 첨 봐?
그래서 단어에 '개'를 붙이면 나쁘다는 뜻이 되었죠.
개 + 고생
개 + 차반
개 + 소리
개판이네?
어른들이 나쁘다는 뜻으로 사용한 이 단어를 아이들은 좋다는 의미로 주워서 쓰게 되었습니다.
툭-
개
어라? '개'?
그래서 '개멋있다'라는 말에서 '개'는 거꾸로 '좋다'는 뜻이 되었죠.
개 좋아!
캐캑! 목 조르지 마!
꼬옥-
그런데 개가 더럽든 귀엽든, 털에 물이 묻으면 아무 데서나 몸을 털어 집을 엉망진창으로 만드는 것도 사실입니다.
뭘 봐!
물묻은 개 첨봐?
이렇듯 '개'라는 단어에는 '멍멍이'라는 원래 의미가 있고,
개 = 멍멍이

이 '개'가 다른 단어에 붙어 새로운 단어가 되는데, 이런 작은 소리 덩어리를 '형태소'라고 부릅니다.
개
+ 소리
+ 멋있다
+ 판
형태소
형태소라는 전문용어는 낯설어서 그렇지 알고 보면 별거 아니죠.
개 별거 아니었군…
단어를 최소 단위(형태소)로 나누고 이것들을 떼었다 붙여서 새로운 단어로 만드는 것이 형태학입니다.
떼었다~
붙였다~
영어뿐만 아니라 모든 외국어 공부에서 가장 귀찮고 짜증나는 것이 단어 외우기죠.
너무 두꺼워!
영어 사전
분량이 워낙 많은데다 열심히 외워도 문장 속에서 그때그때 뜻이 변해버립니다.
벼언신!
단어
어라? 단어 뜻이 변했어?
그 이유는, 원어민들은 본능적으로 자기네 언어의 형태소를 다룰 줄 알기 때문이죠.
형태소들
아하하 하하하!
잘났다.
그래서 언어학자들은 '언어에 유창한 사람'을 보면
흐음~
하하하!
'형태소를 다룰 줄 아는 사람'이라고 표현합니다.
He has morphological mastery.
하하하
영어 형태소도 한국어만큼이나 변덕쟁이입니다.
개구쟁이 제 동생 같죠~
ㅋㅋㅋ

미국인 할머니 두 분이 영화를 보고 나오면서 아래처럼 말한다면,
theater
That movie was wicked!
영화가 폭력적이고 선정적이어서 마음에 안 든다는 뜻입니다.
죽어
그러나 펑크족 차림의 청년들이,
That movie was way wicked yo!
theater
라고 말하면, 반대로 '엄청 멋지다'란 뜻이 됩니다.
wicked는 원래 '사악하다' '죄악스럽다'라는 부정적인 의미였지만,
카하하- 하하핫!!
젊은 사람들이 사용하면서 '개'라는 단어처럼 아주 좋은 의미로 바뀐 것이죠.
오호호- 호호홋!!
마찬가지로 bad라는 단어는 원래 나쁘다는 뜻이지만, 팝송 가사에 나오는 것처럼 "You are so bad" 라고 말하면
You are so bad!
예? 저요?
진짜 나쁜 사람이 아니라, 요즘 유행하는 멋진 '나쁜 남자' '나쁜 여자' 같은 뜻일 가능성이 많습니다.
너 말고 뒤에.
지금은 인터넷 세상! 하루하루 무시무시한 속도로 새로운 단어들이 생깁니다. 전문가들은 1년에 3만 개의 새 영어 단어가 생기고 그 반은 사라진다고 합니다.
투다다다다
컴퓨터 자판 두드리는 소리.
아무리 영어 단어를 열심히 외워도 여기엔 곧 없어질 단어들도 많다는 말이죠.
사실 우리도 국어시간에 1970년대 이전의 한국 소설을 읽으면 모르는 단어들이 수두룩 하니까요.
하핫-

우리말도 시간에 따라 많은
단어들이 없어지고 새로 생겼지만,
우리말이라서 느끼지 못했을
뿐입니다.
단어
우리말의 경우, 아기 때부터
자주 듣고 말하는 단어들에서
자기도 모르게 동일한 형태소를
알게 되고, 이것을 떼어 새로운
단어와 연결시키는 형태학적 능력이
생긴 거죠.
레
고
이렇게 우리는 우리말을 통해 단어를
붙이고 떼는 방법을 익혔기 때문에
개
새끼
안~
돼~
영어에서 역시 형태소를 구분하는
방법과 뗐다 붙였다 하는 형태학을
조금만 공부하면 영어가 쉽게 다가올
겁니다.
개
좋아
그건
가능…
우리가 '개'라는 형태소가 들어간
여러 단어를 이해할 수 있는 것은
'개'라는 동물에 대한 이미지를
가지고 있기 때문입니다.
나 또
불렀냐?
출연료는
현금만
받는다.
마찬가지로 영어에서도
모든 형태소는 그 뒤에 어떤 그림이
있습니다. 이 그림을 '잠존 형상'
이라고 불러요.
뭔가가
뒤에
있다!
왈
왈
왈
잠존
형상
예를 들어, 다음 단어를 살펴볼까요?
afflict – 고통을 주다
conflict – 갈등
inflict – 상해를 입히다
profligate – 도덕적으로 타락한
flagellum – 박테리아나 미생물의 꼬리
flagellation – 채찍으로 때리는 형벌
이 단어들의 공통적인 잠존 형상은
무엇일까요? 바로 영어 단어
'flail'입니다.
flail
뿅~
flail은 곡식을 때려서 알갱이를
빼낼 때 쓰는 농기구, 즉 도리깨를
말해요. 마치 중국의 쌍절곤처럼
생겼죠.

어휘 추리력 포인트

afflict 누구에게 채찍을 휘두르다 - 고통을 주다

conflict 서로 철퇴나 채찍을 휘두르다 - 싸우다 - 갈등

inflict 깊이 팰 정도로 채찍을 휘두르다 - 상해를 입히다

flail 철퇴

flagellation 채찍으로 때리는 형벌

profligate 방향성 없이 위험하게 휘두르며 살아가다 - 도덕적으로 타락한

flail around 중심이 없이 마구 흔들어대거나 흔들리다 (He's flailing his arm around)

flagellum 조그마한 채찍(미생물 꼬리의 모양을 두고 한 말)

1 유럽과 프랑크족 Franka

의미 1 도끼민족, 프랑크족

Frank 도끼민족, 지금의 벨기에서 살던 게르만족의 한 부류

Frankish Kingdom 도끼민족의 왕국, 프랑스의 옛 이름

Franc 프랑크족의 돈, 지금의 스위스 화폐

Frank + ia → Francia → France 도끼민족의 후손국, 프랑스

Francia → French 도끼민족 나라의 주민, 프랑스인, 프랑스의 것들

French Kiss (프랑스 사람들은 저질이라는 의미에서) 혀를 넣어 하는 키스

French Disease 지독한 성병 중 하나인 매독

의미 2 프랑크족은 무례하다

Frank 프랑크족처럼 무식하다 → 정직하다

Frank + ly → Frankly 프랑크족처럼 말하자면, 솔직히 말하자면

Excuse my French 프랑스 사람처럼 말해서 미안해요 → 저속한 말투 죄송해요

의미 3 프랑크족은 정복당한 적이 없다

Frank + ize : Franchise 프랑스 사람으로 대접하다 → 독점권을 보장하다

In + Franchise : Enfranchise 프랑스 사람 대열에 끼워주다 → 기본권을 보장하다

Dis + Enfranchise : Disenfranchise 기본권을 박탈하다

Frank + lin : Franklin 프랑스 사람의 후손 → 자유인

의미
1
도끼 민족, 프랑크족
지금의 이탈리아에 수도가 있던 고대 로마 제국은
여기
지중해
유럽의 대부분과 아프리카, 중동 일부를 차지한 대제국이었습니다.
다 로마
그런데 지금의 벨기에 근처에 살던 북쪽의 게르만족을 오랫동안 평정하지 못해 종종 침략을 당했죠.
용용 죽겠지?
로마는 이들을 쳐 없애려고 갖은 노력을 했지만, 결국 게르만족만은 끝내 정복하지 못했습니다.
띵가
띵가
당시 울창한 숲이었던 벨기에 지역에 살던 게르만족은 도끼 다루는 솜씨가 뛰어났습니다.
휙-
끄액
이들은 항상 도끼를 들고 다녔는데, 전쟁이 나면 먼 거리에서 도끼를 던져 적을 맞추는 전투기술을 구사했습니다.
뭘 봐? 도끼 든 사람 첨 봐?
네…
당시의 신기술로 만들어진 병장기를 갖춘 로마군도 도끼 공격만은 막을 수가 없었죠.
뭐시?
똥이 무서워서 피하는 거 아님.
'던지는 도끼'는 라틴어로 Franca입니다.
붕-
붕-
우이씨-
무섭지? ㅋㅋㅋ

그래서 로마 병사들은 게르만족을
도끼 잘 던지는 종족이라는 뜻으로
'Frank족'이라 불렀다고 합니다.
도끼족이다!
프랑크족!
까불래?
이에 관한 또 다른 설은, 로마 제국은
드넓은 세계를 정복한 뒤 그 땅에
살던 사람들을 노예로 삼았는데
노예가 아니면 죽음이다!
오케이-
유독 게르만족만 정복하지 못해
이들을 자유민, 즉 Free한
사람들이라고 해서 Frank라고
불렀다는 설도 있습니다.
나도 노예로 삼아 보시지? ㅋㅋㅋ
프리한 놈들…
어쨌든 프랑크족을 비롯한
게르만인은 마침내 서로마 제국을
멸망시키고 서유럽의 비옥한 땅을
차지했습니다.
이제부터 우리 세상이다!
여기가 지금의 프랑스인데,
처음에는 Frank족들의 땅(~ia),
여기
즉 Frankia였다가 Francia로,
그리고 France로 발음이
변했습니다.
죽이지?
의미
2
프랑크족은
무례하다
로마인들은 오랫동안 세계 곳곳의
정복지에 거대한 도시를 짓고
문명 생활을 하며 '매너'를
매우 중요시했습니다.
엣헴~
꼭 해야 할 말도 직설적으로
하지 않고 상대방 기분을 봐가며
빙빙 돌려 하는 것을 예의로 여겼죠.
자네 이에 꽃 봉오리 비슷한게 끼어 보이는군
고춧가루라고 그냥 말해!

어휘 추리력 포인트

~ia : 나라이름

~ia는 원래 라틴어로 '~의'를 뜻하는 접미사였다. 로마인들은 새로운 땅을 발견하면 terra(땅) germania(게르만족의)라는 식으로 이름을 붙였다. 그래서 나라 이름에는 Italia, Espagña처럼 **ia** 발음으로 끝나는 곳이 많아졌다. 후대 사람들은 **ia**가 그냥 '나라 이름'을 뜻하는 형태소라고 알게 되었다. 대항해 시대에 국제 상업망이 만들어진 후로 유럽인들의 해외여행이 많아졌다. 그래서 새로운 나라에 도착한 유럽 사람들이 **ia**를 붙인 나라 이름들을 많이 만들었다. Indones**ia**, Austral**ia**, Ind**ia**, Cambod**ia**는 물론 미국의 주 이름인 Ind**ia**na, Californ**ia**, Virgin**ia** 등도 있다. ia는 그냥 '땅 이름' 형태소라고 알고 있으면 된다.

민족 ~의 땅 나라이름

힌두**ia** : Ind**ia**

엘리자베스 1세 여왕(처녀여왕)**ia** : Virgin**ia**

프랑스 왕 루이 14세**ia** : Louis**ia**na

소설 속 여인들만의 왕국 Calafia 여왕**ia** : Californ**ia**

영국왕 조지 2세**ia** : Georg**ia**

인도 부근 섬(nesos)**ia**(나라) : Indones**ia**

영어에서는 라틴어 ia 발음을 빨리 발음하다가 y 로 줄어든 경우도 많다.

German**ia** → German**y**

Turc**ia** → Turke**y**

이런 프랑크족이 로마를 내쫓고 유럽 전체를 차지한 승자가 된 것이죠.
다 내거!
이들은 어찌나 용맹스러운지, 로마가 유럽의 거의 모든 땅을 차지했던 시대까지 거슬러 올라가보아도
그래, 뒷조사 해 봐라!
뭐 하나 나오나. 흥흥
로마의 정복자 카이사르에게 번번이 대들어 전쟁을 일으키기도 했습니다. 그런 연유로 남의 비위 맞추려고 할 말을 못 한 적이 없어서
거기 너!
네? 저요?
지나던 만화가
하고 싶은 말이 있으면 듣는 사람의 기분 따위는 아랑곳없이 직설적으로 하며 살았습니다.
못생겼!
쿠쿵-
그래서 오늘날까지 남의 기분을 상하게 하는 말을 거침없이 내뱉는 사람을 'frank하다',
프, 프랭크… 해.
즉 '프랑크족처럼 말한다'라고 표현한답니다.
야이~ 프랭크~!!
요즘 세상은 매너보다 정직을 중요시해, 이 말은 오히려 '숨김이 없다' '말에 군더더기가 없다'는 칭찬의 뜻으로 쓰입니다.
솔직하십니다!
깔끔한 성격!
그, 그래?
영어로는 차마 얼굴에 대고 하기 어려운 말,
나 또 불렀어? 문다?
들으면 기분 상할 수 있지만 꼭 말해야만 하는 경우에
프, 프랭클리…

문화 독해력 포인트

french라는 단어가 들어간 표현을 보면, 옛 영국인들이 바다 건너 이웃 나라인 프랑스에 사는 사람들을 예의 없고 무례한 저질로 여겼음을 알 수 있다. 영국보다 자유분방한 연애 문화를 가진 프랑스인을 빗댄 영어 단어가 '저질'이나 '변태'라는 뜻으로 쓰이는 것이 이를 증명한다. **french** disease는 한 번 걸리면 잘 낫지 않는 지독한 성병 '매독'을 뜻한다. **french** kiss는 '입안으로 혀를 집어넣어 하는 키스' 즉 당시로서는 지저분해 보이는 키스를 뜻했다. 영국 왕실을 다룬 역사 드라마 〈튜더 왕조〉를 보면 오늘날의 초등학생 나이밖에 안 돼 보이는 프랑스 왕자와 영국 공주의 혼인을 성사시키려고 두 나라의 왕이 만나는 장면이 나온다. 왕자가 옷과 외모에 신경을 많이 쓰자 영국 왕이 신하에게 묻는다.

"Is he vain?" (그가 눈에 보이는 것에 지나치게 신경 쓰는 경향이 있는 것 아니냐?)

"My lord, he is **FRENCH**." (전하, 프랑스 사람이지 않습니까?)

의미
3
프랑크족은 정복당한 적이 없다
프랑크족은 역사적으로 로마는 물론 다른 민족의 노예가 되어본 적이 없습니다.
뭘 당연한걸 자꾸 말해?
오히려 중세기 초반부터 로마를 멸망시키고 그 땅을 차지해 다른 민족들을 종으로 부렸죠.
니 땅은 내 땅~
넌 내 종~
망했...
그렇다보니 국가에 세금을 낸 적이 없고 험한 노동도 직접 한 적이 없었답니다.
세금과 노동이 없다면 여긴 천국?
심지어 프랑크족은 다른 민족을 죽여도 살인죄로 처벌받지 않는 법이 있을 정도로 아주 오랫동안 우대받고 살았죠.
어이쿠, 도끼가 빗나갔어.
이런 문화가 오래 지속되다가 훗날 이들이 유럽의 귀족이 되면서 유럽에 귀족제도가 정착되었습니다.
고귀한 귀족
지배자가 된 프랑크족은 자신들의 정치제도로 귀족제도인 '봉건제'를 선택했어요.
캬하~ 봉건제 완성~
왕이 직접 모든 일을 하는 것이 아니라, 자신의 친인척들에게 '영주'라는 직책을 줘서 통치를 맡긴 것이죠.
너를 영주로 임명한다.
영주가 뭐쥬?
그래서 오늘날까지 '프랑크식으로 하다'를 뜻하는 단어 franchise는
너 그거 몰라? 프랜차이즈!
햄버거 피자요?

큰 조직이 외부의 작은 조직들에게 어떤 임무를 맡기고 알아서 운영하도록 완전히 권리를 위임한다는 뜻으로 쓰입니다.
자, 이제 알간?
아… 예…
예를 들어서 국가가 직접 해야 할 중요한 사업을 민간에게 넘겨주는 것을 franchise라고 하죠.
국가
민간
가령 우리나라는 국가가 담배와 인삼을 제조하고 판매할 권리를 KT&G에 주었습니다.
KT&G →
담배
인삼
'Korea gave tobacco and ginseng franchise to KT&G' 라고 할 수 있죠.
국가에서 나눠주는 franchise는 주로 공공사업인 방송권, 석유 채굴권, 은행 영업권 등이 있습니다.
방송권
석유 채굴권
은행 영업권
하지만 세상이 복잡해지고 개인 사업이 발달하면서 체인점으로 운영하는 민간사업체 역시 franchise라고 해요.
국가
기업
기업
기
본사의 사장처럼 franchise 하나를 맡아 운영하는 사람도 사장이라고 부르지만
기업
사장으로 임명합니다.
개인
권한이 자기가 맡은 매장 하나로 제한되는 것이 프랑크족의 봉건제도와 같아서겠지요.
당신도 영주?
개인
전 사장 입니다.
민주주의 사회에서 시민의 최고 권리는 투표권입니다.
투표함

투표로 정치인을 잘 뽑아서 내가 원하는 일을 대신 하도록 하는 것이 민주제이기 때문이죠.
'투표권을 주다'는 의미의 enfranchise는 원래 '노예를 해방해주다'는 뜻입니다.
파창!
원래는 '노예를 해방 시키다'를 뜻했죠.
Frank에는 '자유인'이라는 뜻도 있습니다. 그래서 자기 땅을 가지고 자유롭게 농사를 지을 수 있는 중인 계급을 '프랭클린'이라고 불렀습니다.
나 노예 아니야 내 땅이라고!
미국의 정치가였던 벤저민 프랭클린의 이름은 '누구의 노예가 아닌 자유인'이라는 뜻인데,
이름 뜻 좋죠?
결국 그가 미국 독립운동의 지도자가 되었다는 점이 흥미롭습니다.
이름 값 톡톡히 보셨네요.
성경이나 그리스 로마 신화에는 '유향'이 자주 등장합니다.
성경에 아기 예수가 태어났을 때 세 동방박사가 하늘의 별을 보고 왕 중의 왕이 태어났다는 것을 알고
왕 별!
별 크다!
이를 축하하려고 먼 땅에서 들고 온 선물이 '유향'이었다고 합니다. 유향은 '귀하고 비싼' 것이죠.
넌 개 뼈나 먹어!
난 현금이 좋은데…
영어로 '향'은 incense인데 '유향'은 Frankincense입니다. Frank와 incense가 합쳐진 것이죠.
합체!
Frank
incence

요즘에는 유향을 사용할 일이 거의 없지만,
킁킁-
어휴~ 냄새가 뭐 이래?
19세기까지만 해도 매우 귀한 물건이어서
정말? 개 뼈다구 보다 비싼?
영미권 문학 작품에 이 단어가 많이 나오지요.
이런 문장들을 제대로 독해하려면 의미를 잘 알아 두어야 하죠.
Frank족은 노예 생활을 해본 적 없이 특권을 누리며 살아온 민족이어서 귀하고 비싼 물건만 썼습니다.
왜 이제 불러!
퇴근 할뻔 했다!
그래서 유향은 Frank족처럼 돈 많은 사람들이 쓰는 향이라고 해서 frankincense로 불리게 된 것입니다.
막 가져다 붙이는 거 아니지?
이런 복잡한 단어도 형태소로 분해해서 보면 이해가 쉬워 오랜 시간이 지나더라도 기억이 잘 날 겁니다.
까 먹으면 도끼 맛을 보여준다!

2 고대 그리스의 돌 투표

elig +

의미 **1**

선택하다

eligere의 라틴어 과거분사 eléctus에서 유래한 elect(선택하다, 선출하다)

elect + tion → election 선거
general election 대선, 총선
electoral 선거의, 선거와 관련이 있는
electoral base 유권자 층, 선거 기반
electoral college 간접선거 제도의 유권자, 미국의 대통령 선거인단
elector 간접선거 제도의 선거인, 유권자

의미 **2**

선택받다

라틴어 eléctus에서 나온 단어 elite(선택받은 자, 뽑힌 자)
마찬가지로 영어 select, choice에도 '고급'이라는 의미가 숨어 있다.

elitism 권력자 위주로 세상을 보는 관점
eligere + able → eligible 뽑힐 수 있는 사람 → 자격이 있는
eligere + ium → Elysium 그리스 신화 속 엘리시움, 선택받은 자의 나라 → 극락
Champs-Elysees : 샹젤리제(프랑스 다리의 고급 상점가)

의미 **3**

우아하다

elegant 선택받은 자의 자태 → 우아함, 고급스러움
elegance 엘레강스, 단아하고 우아함, 부티나다

의미
1
선택하다
'선택하다'의 의미를 품은 형태소는 elig, eleg입니다. 이 단어는 그리스 로마 시대의 독특한 정치 제도에서 나왔어요.
대부분의 고대 문명에서 권력은 혈통을 따라 그 다음 세대로 내려갔습니다.
내 아들이 다음 왕이노라.
야호!
조선시대 왕들이 그 아들에게 왕위를 물려준 것과 같습니다.
내 아들이 다음 왕…
야호~
그러나 이천 년도 더 전에 세워진 고대 그리스의 도시국가 로마에서는 시민들이 모여서 투표로 지도자를 뽑았습니다.
투표소
와글~ 와글~
예를 들어서 두 후보가 있다면 흰 돌과 검은 돌 중 하나를 바구니에 던져 투표했고,
하얀돌
까만돌
바둑인 줄…
이세돌
개표는 모든 사람이 보는 앞에서 돌을 하나씩 꺼내면서 "아무개에게 한 표!"라는 식으로 소리쳐서 집계를 냈습니다.
XX에게 한표!
OO에게 한표
예전 반장 선거에서 표를 받은 사람 이름을 말하면 후보자가 표를 얻은 만큼 한 획씩 그어 바를 정자로 표시하는 것과 비슷하다고 보면 됩니다.
개똥이 正 下 正
소똥이 正 正 正 正
한번은 페르시아 사신이 그리스더러 자기네 제후국이 되지 않으면 군대를 끌고 와서 쑥대밭을 만들어버릴 것이라고 협박했습니다.
그리스인들
항복해!
깡패냐?

사신은 그리스 사람들이 바로 결정을
내리지 못하고 서로 자기가 옳다며
열변을 토하고 돌을 던져서 결정하는
것을 보고 고개를 가로저었습니다.
어쩌지?
어휴~ 답답한 것들!
투표, 투표!
페르시아로 귀국한 사신은 황제에게
'그리스 사람들은 싸울지 항복할지를
결정하는 데에도 시간이 너무 오래
걸리니
페르시아 황제
어떻게 되었느냐?
우리 '밥'입니다!
전쟁을 하면 바로 이길 수 있을 것'
이라고 했는데, 막상 전쟁터에 나온
그리스 사람들은 용감하게 싸워서
페르시아를 격파했답니다.
'밥'은 누가 '밥'이냐?
어라?
페르시아 사람들이 '민주주의'라는
그리스의 제도를 이해하지 못하고
얕본 것이었죠.
민주주의
이해가 안 된다.
고대 그리스어로 '돌을 꺼내면서EX
이름을 읽었다Legere'라는 뜻으로,
사람들은 투표로 사람을 뽑는 것을
exlegere라고 하다가
Ex + Legere
개똥이!
나중에는 불편한 발음을 줄여
eligere라고 했습니다.
x e
= Eligere
간단한 게 좋지~
'선거하다'라는 뜻의 라틴어
eligere는 변하지 않은 채 영어로
그대로 유입되어 election이
되었고, 오늘날까지 '정치적 선거'
라는 뜻으로 쓰이죠.
바통을 받으슈~
Eligere
고대 그리스 시대부터 시작된 오랜
민주주의 전통을 보여주듯 elect는
'선거를 통해서 ~를 뽑다'라는 긴
의미를 간단한 동사 하나로 명쾌하게
해결합니다.
Elect
예를 들어서 'ㅁ 국 시민들이 선거를
통해 오바마 대통령을 지도자로
선택했다'라는 긴 문장을
미국 시민들이 선거를 통해 오바마 대통령을 지도자로 선택했다.

The Americans elect Obama as their president.
라는 간단한 문장으로 표현할 수 있는 것입니다.
election은 선거를 위해 나라가 하는 모든 행사를 말하죠.
여기가 미국 국회의사당 이로군~
미국은 국민이 직접 대통령을 뽑지 않습니다. 각 주마다 투표할 수 있는 표가 정해져 있고, 대의원들이 대통령을 뽑죠.
우리나라는 직접 선건데 다르구나 미국은…
예를 들어서 '캘리포니아주는 인구가 많으니 55표, 하와이주는 인구가 적으니 4표' 같은 식으로 주 별로 미리 표를 정해둡니다.
너무 차이나는 거 아냐?
하와이
내가 크니까!
캘리포니아
만약 캘리포니아주에서 어떤 대통령 후보가 상대방보다 표가 한 장이라도 더 나온다면, 그 후보는 캘리포니아의 55표를 모두 가져가게 됩니다.
자, 몰빵이닷!
그래서 불공평하단 지적도 많이 나오죠.
이렇게 국민을 대표해 대통령 선거를 할 권리를 가진 사람들을 'electoral college'라고 부릅니다.
의미
2
선택받다
고대 그리스 로마 시대에는 시민의 선택을 받으면 국회의원도, 장군도 될 수 있었습니다.
감사 합니다!
열심히 하겠슴다!
그래서 election에서 이긴 사람을 elite라고 불렀죠.
Elite? 나 말하는 거지? ㅋㅋㅋ

어휘 추리력 포인트

보지 말고 들어라!

미국 사람들은 'I am going to ~'라는 표현을 'I'm gonna ~'라고 발음하고, 발음 그대로 적기도 한다. 또 'I do not know'라고 하지 않고 'dunno'라고 한다. 이렇게 서로 따라다니며 함께 발음되는 말들은 압축되어 한 단어처럼 되는 경우가 많다.

두 단어가 합쳐져 한 단어가 될 경우, 거슬리는 음절은 없어진다. 예를 들어 '뽑아내다'라는 뜻의 '**ex**'와 '읽다'를 뜻하는 '**legere**'가 합쳐진 결과 'exlegere'가 아니라 '**eligere**'가 되었고, 이것이 다른 단어에 들어가면 앞뒤 모두 잘려 'eleg' 'elec' 'elig' 같은 형태소 조가리만 남아 있는 경우가 많다. 이 책에서도 드 단어가 합쳐진 'A + B'의 결과에 대한 스펠링이 처음과 다른 경우가 있는데, 이것은 서양이 오랫동안 문맹률이 높아서 생긴 현상이다. 글을 읽을 줄 모르는 사람들은 발음을 자기 멋대로 뭉개 발음하기 편한 상태로 말하기도 하고, 또 지역에 따라 모음이 바뀌기도 한다. 따라서 영어 형태소는 글씨와 뜻의 관계브다 글씨와 소리의 관계를 익혀야 어휘 추리력을 빨리 기를 수 있다.

'**eligere**'의 과거분사형은 'eligetus'였지만 중간에 'ge' 발음이 탈락해 'elictus'가 되었고, 발음하기 불편한 'ct'에서 다시 'c'가 탈락해 'elitus'가 되었는데, 영어에는 어미가 없기 때문에 'us'도 탈락해 'elite'로까지 변했다. 이것을 한꺼번에 이해하려면 혼란스러우니 그냥 귀로 들어서 'elite, elect. 비슷하네'라고 생각하면 된다.

고대 그리스 로마 사람들은 용맹한 전사들이었습니다. 그들이 그렇게 살았던 이유는 바로 신화 때문이었죠.
캬오~!
다 덤벼! 신의 영광을 위하여!
그들은 나라를 위해 용감하게 싸우다 죽으면 승리의 여신 니케 (스포츠 브랜드 나이키의 어원)가
죽었네?
까불고 있어.
자기의 영혼을 '엘리시움'이라는 곳에 데려다줄 거라고 굳게 믿었습니다.
오 마이 갓!
축 환영
엘리시움
그리스 신화에 의하면 엘리시움은 매우 아름다운 초원이었습니다.
구름 위에 초원이 있다?!
그래서 사람들은 엘리시움을 종종 '엘리시움 평야'라고 불렀죠.
엘리시움 평야에 가 보고 싶다.
죽고 싶은 거?
18세기 이후 프랑스 군인들이 승전 행군을 하던 큰 길도 실제로 아름다운 초원에 둘러싸여 있었답니다.
이겼다, 또 이겼다~
프랑스 군인들은 이곳을 엘리시움 같은 아름다운 초원이라고 생각했습니다.
말똥
이기고 나니 다 좋아 보여!
또한 군인들이 나라를 위해 싸우러 나가는 길이라는 의미도 함께 부여했죠.
전투
집
이렇게 프랑스어로 '초원(샹)'과 '엘리시움의 프랑스식 발음 (엘리제)'이 합쳐져 '샹젤리제'가 되었습니다.
샹
+
엘리제

어휘 추리력 포인트

'~ium'은 '~ 하는 곳'

우리나라에서도 삼성의 이씨 집안이 후원하는 박물관을 'le**eum**', COEX에 있는 미술 작품 전시 등 문화예술과 관련된 장소를 'art**ium**', 예술적 영감이 살아 숨 쉬는 곳을 'mus**eum**'이라고 부른다. '**ium/eum**'은 '~ 하는 곳'이라는 뜻을 가지고 있다. 거인들, 즉 콜로수스들의 장소가 콜로세움인 것과 마찬가지로 선택받은 자들의 장소는 엘리시움이다.

3 수도승의 망토와 카푸치노
caput

의미 1

머리

caput → cape 머리 위에 뒤집어쓰는 일종의 비옷 → 어깨를 둘러싸는 망토
cap 뚜껑, 모자
capuchin 항상 모자 달린 cape를 입고 다니는 수도승들
cappuccino 카푸친의 옷 색깔과 같은 색의 크림 커피, 크림 에스프레소 커피
caput → chef → hand + cover + chef → handkerchief 머리싸개 → 손수건

의미 2

우두머리

caput → captain 우두머리, 의미가 발전해 대위, 선장, 기장
chef 프랑스어로 머리 → 영어로 들어와서 주방장
chief 우두머리, 추장, ~장, 중요한
chieftain 부족의 추장

의미 3

처음, 도입부

capital 한 국가의 수도, 가장 중요한 것, 의미가 확장돼 대문자, 사형에 관련된 것 등
chapter 새로운 머리, 그래서 책의 장, 또는 큰 조직의 한 구역
capital 돈에서 가장 중요한 부분인 원금, 그래서 자본
capitalism 거래에서는 원금을 투자한 사람이 주체가 되어야 한다는 사상, 즉 자본주의

의미
1
머리
오스트리아의 비엔나는 1800년대부터 커피 천국이 되었습니다.
그보다 앞선 1600년대에 오스트리아의 동쪽에는 오스만 제국(지금의 터키)이 국경을 맞대고 있었는데요.
오스트리아
오스만
크리스트교인 오스트리아와 이슬람인 오스만은 티격태격 전쟁을 하며 살았습니다.
싸우다 지쳤어.
앞으론 잘 지내보자고.
당시 오스만 사람들은 커피를 무척 즐겼는데, 1683년 오스만이 빈을 침략했다가 쫓겨날 때 커피 원두 500포대를 놓고 가면서 빈에 커피가 유행하는 계기가 되었죠.
어때 맛있지?
맛은 없는데 자꾸 당겨!
그게 맛있는 거야!
특히 오스트리아 사람들은 커피에 크림을 얹어 마시는 것을 좋아했습니다. 오늘날에도 크림을 듬뿍 얹어 마시는 커피를
커피에다 이것 저것 해보자!
고춧가루
케찹
오스트리아의 수도 이름을 따서 '비엔나 커피'라고 부릅니다.
원래 오스트리아에서는 이 커피를 '카퓨처'라고 불렀어요. 그 유래는…
비엔나 커피는 어둡고 깊은 갈색을 띠고 있습니다. 한때 우리나라의 스님들이 그랬듯 당시 유럽에도
꼬르륵
질질
길거리를 돌아다니며 밥을 얻어먹고 사는 수도승들이 많았죠. 그런데 이들 중에는 뒤에 모자, 즉 cap이 달린 망태기 옷을 입고 다닌다는 이유로
cap
배고파!

capuchin이라고 불리는 이들이 있었습니다.
그리고 수도승들이 입던 옷 색깔이 딱 크림 커피와 같은 색이어서 이 커피가 카퓨처 Capucher가 된 것이죠.
크림커피인 카퓨처는 이탈리아로까지 흘러가 이탈리아 사람들도 즐겨 마시게 되었는데, 이것이 이탈리아식으로 발음되면서 capuccino가 되었습니다.
카푸치노~
그라찌에~
유럽의 우산은 아시아보다 한참 늦게 발명되었습니다.
폼 나지?
?
유럽인들은 비가 오면 머리와 상의를 뒤덮는 가죽이나 방수 천이 달린 옷을 입어 머리가 젖는 것만 적당히 피하고 돌아다녔죠.
이런 옷을 라틴어로 머리, 즉 caput을 덮는 것이라고 해서 cape라고 했습니다.
Caput
그러다 점차 모자와 옷이 분리되면서 cape는 모자가 없는 망토만 남은 옷을 뜻하게 되었답니다.
Cape
오늘날에도 팔이 나오는 구멍 없이 어깨 위에 걸치는 망토 같은 옷을 cape라고 하죠.
……
팔은?
그런 눈으로 보지마!
또 머리 꼭대기에 올려서 쓰는 모자를 cap이라고 하는데,
Cap
이것은 나중에 병뚜껑을 뜻하는 단어로도 쓰이게 되었습니다.
Cap

의미
2
우두머리
어떤 그룹의 리더 역할을 하는 사람을 captain이라고 하는데, 이것은 우리말에서도 머리에 비유해 '우두머리'라고 합니다.
나를 따르라!
와~
와~
로마시대에는 '야만족'의 추장도 captain이라고 불렀죠.
오랜 만야?
그런데 그 '야만족'이 훗날 로마를 멸망시키고 유럽의 대부분을 차지했습니다. 그들이 바로 프랑스인의 원류인 프랑크족이었죠.
앞에서 프랑스를 세운 우리 프랑크족 말야! ㅋㅋㅋ
프랑크족은 유럽을 정복한 후 동네마다 왕의 친인척으로 가려 뽑은 영주를 두고,
王
왕
영주1
영주2
영주3
전쟁이 일어나면 왕이 명령을 내리고 영주가 동네 젊은이들을 무장시켜서 출동하는
모여라!
얘들아 모여라!
다 모였습다 영주님!
세련된 정치 시스템을 만들어 크고 복잡한 나라를 비교적 쉽게 다스렸습니다.
이때부터 captain은 군대에서 한 그룹을 통솔하는 직위의 명칭으로 쓰였죠.
Captain!
지금은 육군 중대장인 대위, 해군에서는 1급함의 함장 대령, 비행기 기장을 모두 'captain'이라고 부릅니다.
대위
함장
기장

하지만 오늘날 captain은 학생들 사이에서 '짱' 또는 '대장'이라는 뜻으로도 쓰입니다.
Captain!
프랑스 사람들은 k 발음을 싫어해 ch로 바꾸어 사용했는데, captain이 프랑스어로 들어가면서 chef로 변했지요.
발음이 촌스러워서 부드럽게 바꾼다!
그래서 주방의 우두머리를 'Chef de la cuisine'이라 하고, 이것을 줄여서 '셰프'라고 하는 것입니다.
솔직히 말해
여지껏 모르고 썼어…
chef는 프랑스어에서 다시 영어로 넘어오면서 chief로 스펠링이 약간 변형되었습니다.
칫, 슬쩍 바꾸자.
자, 써!
chef
chief
chief는 아주 오래전에 영어로 넘어왔기 때문에 처음에는 영국 기준으로 야만인이었던
Chief
아프리카나 인디언 부족의 추장을 지칭하는 단어로 쓰였죠.
야, 씨…
하지만 이것은 점차 'chief engineer' 등 직장의 높은 직급에 사용되기 시작했습니다. 지금은 대통령도 'Chief of Staff'라고 하죠.
각하
거 손가락 치워!
또 머리는 사람 몸에서 가장 중요한 부분이므로 chief aim은 '가장 중요한 목표'라는 뜻이 됩니다.
Chief Aim
오늘날 chief는 이처럼 '가장 중요하다'라는 뜻으로 널리 쓰이고 있습니다.
뭣이 중헌디!

사람에게는 머리가 가장 중요하고, 국가의 도시 중에서는 수도가 가장 중요할 것입니다.
우리가…
머리
수도
중헌디…
특히 로마 제국은 로마를 머리에 비유하고 다른 도시들을 팔, 다리, 배 같은 신체의 다른 부위들과 비교했습니다.
로마
으이그 내 팔, 다리 같은 것들…
그래서 '머리 도시', 즉 capital이 '수도'를 의미하게 되었습니다. 머리는 항상 중요하므로 capital은 더욱 광범위하게 쓰였죠.
Capital
실제로 로마 건축물은 기둥이 중심을 이루기 때문에 기둥 역시 사람 몸에 비유했습니다.
로마인들은 이 기둥의 머리 부분을 항상 아름답게 장식했는데, 이 부분도 capital이라고 불렀습니다.
도리아식
이오니아식
코린트식
또 사람이 팔다리는 잘려도 살 수 있지만 머리가 잘리면 죽기 때문에 'This is capital!'이라는 말은
으으, 제발 머리만은…
'이것이 가장 중요하다' 혹은 '이것이 없으면 다른 것은 다 소용 없다'는 뜻이 됩니다.
쳇-
고대 로마에서는 큰 죄를 지은 사람은 머리를 잘라서 죽였으므로 'capital punishment'는 '사형'이 되고,
사형!
툇!
사형을 언도받을 정도의 큰 범죄는 'capital crime' 또는 'capital offense'가 됩니다.
사형 선고 받은 범죄 내용들
툇!

C의 변천

영어 형태소는 아시아 단어 형태소인 한자와 달리 꽤나 변덕스럽다. 발음도 그만큼 다양하다. 하지만 걱정할 것은 없다. 유유상종이라는 말이 있듯 적당히 비슷한 발음끼리 서로 같이 논다. 그렇게 같이 노는 단어 중에 '**k**' '**ch**' '**s**'가 있다.

c + a = **k** a(car)

c + u = **k** u(culpable)

위의 예에서 두 단어는 원래의 **k** 소리를 유지했다. 하지만,

c + i = **c** ity

c + e = **c** ern

이런 단어에서는 **s** 발음으로 바뀐다.

이것은 단순히 '키'와 '케' 발음이 입에 자연스럽게 붙는 발음이 아니어서 빨리 발음하다보니 발음이 뭉개져 천천히 **s** 발음으로 바뀐 것으로 보면 된다. 'ㅋ' 발음과 'ㅅ' 발음 사이에는 당연히 'ㅊ' 발음이 있다. 그래서 '**c**'가 들어간 형태소에는 '**ch**'가 들어간 사촌 단어들이 있기 마련이다.

의미
3
처음, 도입부
고대 로마의 라틴어에는 소문자는 물론 띄어쓰기, 쉼표, 마침표 같은 것도 없었습니다.
캑, 이걸 어떻게 읽어?
라틴어에 쉼표, 마침표, 소문자가 생긴 것은 로마가 멸망하고 한참 후인 8세기입니다.
4세기
5세기
6세기
8세기
7세기
9세기
옛날식 표현이군.
로마를 멸망시키고 유럽 땅을 차지한 프랑크족 추장 샤를은
엣헴~
이슬람군의 유럽 공격을 막아낸 공로로 교황에게 대제라는 이름과 서로마 총사령관직을 하사받았죠.
임명장, 귀하는~
교황은 샤를 대제에게 충고했습니다.
이제 로마인이 되었으니 당신은 물론 황실 사람들 모두 글을 배우시오!
성공했는데 또 공부를 하라고요?
하지만 평생 전쟁터에서 도끼만 휘두르며 살았던 샤를 대제와 그의 부하들은 글을 배울 준비가 전혀 되어 있지 않았습니다.
내 마음은 내가 알지~
샤를 대제는 고민 끝에 영국의 캔터베리 수도원에서 글 잘 읽기로 소문난 알퀸이라는 수도승을 초청해
초청장 보냅니다
자신과 왕실 사람들에게 글을 가르치도록 했어요.
음…
술→
←게임기

알퀸은 어른이 처음 글을 배울 때는 무엇보다 글씨가 눈에 잘 들어와야 한다고 생각했습니다.
돌아이들을 위한
뭔가 특별한 게 필요해…
그래서 라틴어에 없던 띄어쓰기, 마침표, 쉼표를 만들었답니다.
띄어 써서 알아보기 쉽게 하고~
분리해주는 점도 찍고…
게다가 조금 더 읽기 편한 소문자를 만들고, 대문자는 문장의 맨 앞에만 사용함으로써
작은 글자 큰 글자를 만들자!
?
문장이 어디에서 시작되고 끝나는지 한눈에 알 수 있도록 친절하게 표시해두었죠.
완성~!!
끄끼오~
여기서 대문자는 문장의 머리 부분에 온다고 해서 Capital이라 부르고
Capital
대문자로 쓰는 것을 Capitalize라고 말하게 되었습니다.
왜 앞에 있는 걸 크게 써?
그건 샤를 대제 같은 겁니다.
오예!!
또 책의 중요한 부분마다 잘라서 머리부터 새로 시작해야 읽기 쉽기 때문에 책의 중요 부분을 나누었고,
I
II
III
그렇게 나뉜 부분들을 capitolo라고 했습니다. 이것이 프랑스어로 들어오면서 k가 ch로 변해 chapter가 되었죠.
난 K가 싫다니깐!
chapter는 다시 영어로 유입되면서 책의 '장'을 뜻하게 되었는데
Chapter II

'인생의 새로운 막을 넘기다'도 'new chapter in my life' 같은 식으로 비유해서 씁니다.
할 일을 다 했으니 떠나자!
그리고 큰 조직들은 지역마다 우두머리를 따로 두기 때문에, 잘 알려진 글로벌 기업 등에서는 지역별 우두머리를 'US Chapter' 'Korea Chapter'와 같은 식으로 부르죠.
KOREA
USA
하지만 우리나라 사람들에게 가장 익숙한 capital은 현대캐피탈 같은 금융회사 이름일 것입니다.
Hyundai Capital
고대 로마 사람들은 돈 거래를 할 때 이자보다 원금을 중요시해,
이자
원금
원금을 표현할 때 머리를 뜻하는 capital이라는 단어를 빌려 썼습니다.
Capital
원금
오늘날에도 처음 회사를 시작할 때 투자하는 자본금을 capital이라고 하는데,
Capital
사업 초기에는 노동이나 노하우 제공자보다 자본 투자가가 더 중요하기 때문에
투자 자본
그 사람에게 더 많은 돈과 권력이 주어져야 한다는 생각으로 만든 사회제도를 자본주의, 즉 capitalism이라고 부르게 되었답니다.
Capitalism
그런 자본을 관리하고 투자하고 주선하고 정리해주는 회사가 capital, 즉 금융회사인 것입니다.
안녕 하십니까 고객님~
OO 캐피탈 입니당~

어휘 추리력 포인트

사람들은 흔히 어려운 개념을 쉽게 이해하기 위해서 비유법을 사용한다. 이것은 언어를 처음 발명한 우리의 선조들도 마찬가지였다. 도시, 군대, 나라 같은 큰 조직이 처음 생겼을 때 사람들은 이것을 사람의 머리에 비교했다는 것을 쉽게 알 수 있다.

조직 = 사람 / 생명체

organ(장기) → **organization**(많은 사람으로 이루어진 조직)

corps 원래 프랑스어로 '몸'이라는 뜻. 군대에서 군단

esprit de corps 팀워크 정신

지도부 = 머리

captain 머리 'caput'에서 선장, 수장, 기장

capital city 모든 도시 가운데 머리, 즉 수도

chief 오늘날은 부장이나 지사장(chief of marketing 등)

chef 큰 식당의 여러 요리사 중 우두머리

구성원 = 팔다리

member = 팔과 다리 등 사지를 뜻하는 동시에 조직의 구성원도 뜻한다.

이것이 바로 잠존 형상의 좋은 예다. 동양인들이 조직을 가족의 확대로 보았다면 서양인들은 한 사람을 크게 확대한 것을 조직으로 보았다. 이런 문화적 의미를 알아야만 '**organ**'과 '**organism**'의 관계 '**corporal**'과 '**corps**'의 관계, 그리고 '**member**'라는 단어의 여러 의미 사이의 관계들을 제대로 이해할 수 있다.

4 갈대가 깡통이 되다

canu → can

의미 1

깔때기

cane 원래 사탕수수 또는 갈대에서 발전해 지팡이, 회초리, 지팡이나 회초리로 때리다

canal 원래 갈대 모양을 보고 인공으로 만든 물길에서 발전해 논밭 도랑으로 변했다가 옛 의미가 없어지고 지금은 배가 오가는 운하

channel 'canal'의 발음이 프랑스식으로 바뀐 것으로 논밭 도랑, 협소한 해협, 물줄기, 사람 사이에 기가 통하는 통로, 화 또는 스트레스를 해소시키는 것, 텔레비전이나 라디오 주파수 밴드, 회사에서 물건이나 돈이 흘러나가고 들어오는 경로

stream 개울에서 발전해 정보를 실시간으로 송수신하는 기술

revenue stream 수익 경로

sales channel / distribution channel 물건이 팔려나가는 경로

의미 2

설탕, 캔디

sugar cane 설탕이 나오는 사탕수수

caramel 사탕수수로 만든 꿀(canna-mela)

candy 캐러멜(canna)로 만든 과자

cane sugar 사탕무에서 나오는 저가 설탕과 사탕수수에서 나오는 설탕을 구분하기 위해서 생긴 사탕수수 설탕

의미 3

바구니, 깡통

canister 갈대로 만든 것, 즉 바구니에서 발전해 지금은 음식을 진공 포장한 양철이나 알루미늄 깡통

can 'canister'의 준말

trash can 미국에서 양철 깡통을 길거리 쓰레기통으로 비치한 것에서 유래해 쓰레기통, 영국에는 그런 깡통이 없으니까 아직도 'bin(바구니)'

to can '캔에 집어넣다'에서 발전해 지금은 '해고하다'라는 의미의 은어

의미 1

깔때기

약 6,000~7,000년 전의 고대 문명국인 아시리아의 단어도 영어로 들어왔습니다.
엣헴-

아시리아 사람들은 얼마나 잘살았는지 성벽 전체를 청옥 타일로 장식했는데, 이는 지금도 유적으로 남아 있죠.
어흠-
잘난척은…

아시리아의 수도는 넓고 평화롭게 흐르는 티그리스 강변에 있었는데 티그리스 강가에는 갈대가 무성했습니다.

이들은 갈대를 잘라 여러 물건을 만들어 썼습니다.
룰루
랄라
흥-

갈대의 줄기 속이 텅 비어 있다는 점을 이용해 악기도 만들고,
순진한 애들 꼬시지마!

부드러운 점을 이용해 줄기를 잘게 쪼개 종이도 만들었죠.
역시 나는 천재~
그깟거…

또 갈대의 속 빈 줄기에 독침을 끼우고 입으로 훅 불어서 무기로도 사용했으며,
크억-
피융-
샥

입구가 좁은 통에 물을 집어넣을 때 갈대를 잘라 깔때기로 만들어 썼습니다.
또르르르

갈대를 이용하면 물이 조금씩 쫄쫄 흘러나오도록 조정할 수가 있어 아시리아 사람들은 집 안에 수도를 놓고 살았습니다.
또르륵-
이 깔때기를 말하는 cane에서 깡통의 can, 운하의 canal,
Cane
뿅-
뿅-
can
canal
방송 주파수 분배의 channel 등 많은 영어 단어들이 파생했죠.
뿅-
channel
채널?
고대 아시리아 사람들은 여러 편리한 생활도구를 만들 수 있게 해준 갈대를 '까누'라고 불렀습니다.
다 이 '까누~ 덕분이지'
호!
그러나 최고의 문명국이던 아시리아는 신바빌로니아의 왕 나보폴라사르에게 정복당해 멸망하고 말았죠.
갈대가 뭐?
헐-
그 뒤 도시국가이던 로마가 힘을 키워 그리스를 멸망시켰습니다.
THE ROMAN EMPIRE
그러나 아시리아의 깔때기를 뜻하던 단어 '까누'는 그리스 로마를 거쳐 유럽 언어로 살아남았답니다.
엣헴~
아시리아
그리스
로마
로마는 땅과 세력을 넓혀가며 거대 경제권을 형성하면서 많은 교역이 발생했던 탓에
물건을 배달 받아야 하는데…
괜찮은 택배 회사 혹시 아슈?
대형 고속도로 같은 기반 공사를 무척 중요시했습니다.
그래, 먼저 고속 도로부터 만들자!

로마의 땅은 습기가 부족해 강가 외에는 농사를 지을 수 없는 지역이 많았죠.
뭘 봐!
그래서 아시리아인의 갈대 사용법을 응용해 메마른 땅 주변에 갈대처럼 가는 수로를 파서 보다 넓은 땅에 농사를 지을 수 있었죠.
비옥-
비옥-
와!
그 덕분에 로마 제국의 거의 모든 땅으로 거미줄 같은 인공 수로를 통해 습기가 들어와 로마의 땅은 옥토로 변했습니다.
우와! 습기 덕분에 국토가 농사에 적합한 옥토가 되었어!
로마인들은 아시리아의 '까누'처럼 인공으로 물줄기를 만들었으므로 이 인공 수로를 canal이라고 불렀습니다.
나중에는 이것을 조금 더 넓게 파서 배로 물건을 수송하는 교통로로도 사용했죠.
이것을 canal이라고 했는데 이것은 바로 배가 자유롭게 오갈 수 있는 물길인 '운하'를 뜻합니다.
'까누'는 여러 문화권을 거쳐 영어로 들어오면서 가장 먼저 cane이 되었습니다.
오늘날에는 가늘고 긴 막대기인 '지팡이'라는 뜻으로 쓰이고 있죠.
예전의 할아버지들은 자식이나 손자가 잘못을 저지르면 cane으로 때리면서 훈육했기 때문에 'cane someone'은 '회초리로 때리다'를 의미합니다.

어휘 추리력 포인트

프랑스 사람들은 '**k**' 발음을 잘 내지 못한다. 그래서 '**k**'를 '**ch**' 발음으로 바꾸어버린 경우가 많다. 영어에서 '**ch**'로 시작하는 단어는 대부분 고대 아시리아, 그리스, 로마 같은 문명국의 단어가 프랑스에 들어갔다가 다시 영어로 들어온 것으로 보아도 될 정도다. 그래서 '**c**anal'이 프랑스어로 '**ch**annel'이 됐고, 이것이 다시 영어로 들어오면서 의미가 바뀌었다.

canal → **ch**annel

[k] [ʃ] - 프랑스어
[tʃ] - 영어

channel: 논이나 밭의 인공 강. 수로. 해협.

channel의 대표적인 의미는 '논이나 밭둑의 인공 강'이다. 중세 북부 프랑스에는 북방 민족의 땅이라는 뜻의 노르망디가 있었고, 그곳 영주는 윌리엄이라는 어린 귀족이었다. 윌리엄은 북유럽에서 내려온 바이킹족의 후예였다. 바이킹족은 돛과 노를 합친 길쭉한 'longboat'라는 배를 타고 유럽의 거의 모든 바다를 휩쓸고 다녔다. 바이킹에도 여러 종족이 있었는데 윌리엄이 속한 북방 민족은 북쪽을 뜻하는 '노스(norse)족'이라고 한다. 노스족은 배를 타고 점차 서쪽으로 진출해 영국을 정복하고 아이슬란드와 그린란드도 차지했다. 하지만 차가운 북해에서 넓은 대서양으로 진출하려면 영국과 프랑스 사이에 놓인 좁은 해협을 지나야 했는데, 이곳을 지나가면 한쪽으로는 프랑스가, 또 한쪽으로는 영국이 보였다. 바다의 폭이 아주 좁은 이러한 곳을 우리말로 '해협'이라고 한다. 윌리엄이 이 동네를 다스리던 때부터 사람들은 이 바다가 논두렁처럼 좁고 물살이 급격히 빨라지는 곳이라고 해서 '**ch**annel'이라고 했다. 오늘날까지 'English **Ch**annel'이라고 '**C**'자를 대문자로 쓰면 영국과 프랑스 사이에 놓인 이 해협을 뜻하는 고유명사가 된다.
아마도 프랑스의 유명 디자이너 '**Ch**anel'은 예전에 논, 밭두렁 인공 물길을 만드는 노동자 또는 논밭 두렁을 관리하거나 직접 파는 직업을 가진 사람의 자손이 아닌가 싶다.

가끔 잘 모르는 사람이 나를 빤히 쳐다보면 기분이 섬뜩해집니다.
빤히-
또 범죄자 근처에 가면 괜히 오싹하고 나쁜 감정이 느껴지기도 하죠.
오싹
뒤져서 나오면 십 원에 열 대…
동양에서는 이런 느낌을 '기'라고 합니다.
으윽!
한편 서양인들은 나쁜 느낌은 물줄기처럼 전달된다고 생각해서 타인에게 '생각이나 느낌을 전하다' 또는,
'내 감정을 모으다, 혹은 쏘다'라는 의미로 channel을 사용한다고 합니다.
'I channel my thoughts'라는 말은 '내 생각을 한 쪽으로 모으다',
I channel my thoughts.
연애 편지를 써야지~
'I am channeling my energy' 라는 말은 '나는 그에게 기를 보내고 있다'라는 뜻이 되죠.
I am channeling my energy
나?
근대 이후에 심리학이 발달하면서 사람들은 스트레스도 물줄기처럼 쌓이고 또 쌓여 커지면 결국 터져버릴 수 있다고 생각했습니다.
으아~ 스트레스!
안절
부절
그렇게 되면 되돌릴 수 없으니 평소 하고 싶었던 스포츠나 취미생활 같은 작은 물줄기로 미리 에너지를 돌려서 빼내야
뭔가 다른 걸…

정신건강을 유지할 수 있다고 믿었습니다. 여기서 'channel your stress, channel your anger' 같은 숙어가 나왔죠.
컬러링 북
'I channel my anger through tennis playing' 'I channel my stress by gardening' 같은 문장은
'테니스나 정원 가꾸기로 스트레스를 건강하게 해소하나간다'는 의미입니다.
1930년대에 이탈리아의 마르코니라는 과학자가
G. 마르코니 1874~1937
인류 최초로 음성이나 영상을 장거리에서도 주고받을 수 있는 기계인 무선통신기를 발명했습니다.
이것은 오늘날의 텔레비전과 라디오로 발전했는데, 마르코니는 텔레비전과 라디오 사이로 물줄기처럼 특정 전류가 흘러다닌다고 생각했습니다.
한 전류로는 뉴스, 다른 전류로는 오락물을 실어 보내면 라디오나 텔레비전을 듣거나 보는 사람이 알아서 선택할 수 있다고 생각한 것이죠.
이처럼 음성과 영상을 싣고 흘러다니는 전류를 물길에 비유해 channel이라고 했습니다.
그 결과 라디오나 텔레비전 주파수 밴드가 channel이 되어 'Change the channel(채널 좀 바꿔봐)'이라고 말하게 된 것이랍니다.
Change the Channel
넌 손이 없니? 발이 없니?

오늘날에는 인터넷이라는 아주 거대한 채널이 생겼죠. 인터넷 채널이라는 물줄기를 통해 비디오를 이리저리 흘려보내는 것은
이리-
저리-
'개울물'을 뜻하는 단어 stream을 동사화한 streaming이라고 합니다.
캑, 개울…물?
방송 전파가 인공 수로, 즉 channel이라면 인터넷은 이보다 조금 큰 개울물stream이라고 생각했던 것이죠.
channel
stream
하지만 상업 분야에서는 channel이 '물줄기'라는 본래 의미로 사용되고 있습니다.
기업
회사의 금고로 돈이 들어오는 것도 물줄기로 여겨 '돈이 흘러든다'고 말합니다.
기업
흐른다! 흘러!
예를 들어서 건물을 소유한 어떤 사람이 매월 상당한 월세를 받는다면
이번 달 월세요!
땡큐~
이 월세는 돈이 흘러들어오는 하나의 물줄기고, 또 그 사람이 벽보 광고를 팔아 돈을 번다면
COLA
노는 벽을 팔았어!
그것은 돈이 흘러들어오는 또 다른 물줄기가 됩니다.
월세~
광고료~
돈 벌기가 참 쉬웠어요!
게다가 그 사람이 건물 안에서 음식점도 운영한다면 그것 역시 돈이 흘러드는 새로운 물줄기로 볼 수 있습니다.
으하핫!

이렇게 돈 버는 여러 방식 역시 'revenue stream'이라고 합니다.
얄미워~
모든 돈이 내게로 흘러든다!
회사는 돈을 벌려면 시장에 상품을 내보내야 하는데
기업
상품 역시 물줄기처럼 슈퍼마켓을 타고 나가기도 하고,
기업
슈퍼
인터넷 상점을 타고 나가기도 하며, 직영점이나 대리점을 타고 나갈 수도 있다고 해서
직영
기업
슈퍼
대리점
상품이 흘러나가는 물줄기를 'distribution channel' 또는
'sales channel'이라고 합니다.
대리점
물건 왔어요!
의미
2
설탕, 캔디
인도에서 처음 재배 생산된 설탕이 5~6세기가 지나 유럽에 전해지기 전까지 유럽 사람들에게는 단맛이 나는 과자가 정말로 귀했습니다.
단맛?
그게 뭐죠?
당시에는 겨우 꿀이나 과일이 녹을 때까지 끓인 즙으로 단맛을 냈죠.
헐, 사과를 끓이니까 달다?

하지만 이렇게 단맛을 내면 원재료의 독특한 향과 맛이 남아 있어 특별한 요리 외에는 사용할 수가 없었습니다.
죄다 사과 맛!
지겨워!
콜럼버스의 아메리카 대륙 발견 후 유럽인들의 삶에 가장 직접적인 영향을 미친 것은 설탕일 것입니다.
야호! 인도다!
뭔도?
아메리카로 이주한 유럽인들은 쿠바, 브라질 등 중남미에 사탕수수 재배를 전파해서
새로운 맛의 경지를 느껴 보시겠소?
사탕수수를 대량으로 재배하기 시작합니다.
일 열심히 안 하면 국물도 없어!
헉, 헉...
우엥~
사탕수수 줄기를 쪼개면 안에서 단맛이 나는 시럽 같은 투명한 물이 나옵니다.
이 물을 불에 볶으면 달콤한 갈색 가루가 나오는데 그것이 바로 설탕이었죠.
혀 안 치워?
설탕은 단맛 외에는 별다른 향이나 맛을 내지 않아 거의 모든 요리에 사용할 수 있습니다.
오옷!
놀라운 맛이다!
아메리카에서 생산된 설탕 맛을 본 유럽인들은 곧바로 설탕 소비에 열을 내기 시작했죠.
서얼탕!
썰땅!
수얼탕!
이후 유럽에서 설탕 사용량이 급격히 늘자
설탕 판매량

남미로 이주한 수완 좋은 유럽의 사업가들은 사탕수수 경작지를 기하급수적으로 늘렸습니다.
이게 다 돈이다!
그들은 설탕을 더 많이 생산하기 위해 아프리카 대륙으로 건너가
아프리카
남미
멀쩡한 사람들을 납치해서 가족과 이별하게 하고 노예로 만들어 노동력을 늘리기도 했죠.
도대체 왜?
일꾼이 필요해!
이 과정에서 빈번하게 일어난 인신매매와 폭행은 흑인들의 인격을 완전히 말살시켰고
으아 사람살려!
노예로 붙잡혀 온 아프리카 사람들은 죽을 때까지 일만 하다가 일생을 마치기도 했습니다.
찰싹!
빨랑 일 해!
일제 강점기 때 우리나라 청년들도 하와이의 사탕수수 밭으로 끌려가 노예 생활을 하며 엄청난 고난을 당했다는 기록이 있죠.
한국사
그런 참혹한 역사가 서려 있는 사탕수수는 말 그대로 ‘sugar cane’으로 불립니다.
결코 달지 않아!
지금은 사탕무 생산이 쉬워져 주로 사탕무로 설탕을 만듭니다.
그러나 품질은 사탕수수에서 나온 설탕이 훨씬 좋아 미국에서는 고가에 팔리며 이름도 ‘cane sugar’로 구분해서 부르고 있죠.
PREMIUM PURE CANE SUGAR
따봉!

문화 독해력 포인트

옛 유럽 사람들은 바구니를 갈대로 만들었다고 해서 '**canister**'라고 했다. 바구니는 주로 음식 운반에 사용했는데, 나중에는 수송이 필요한 물건들을 담는 데 사용했다. 여기서 나온 재미있는 단어가 와인 용어인 '**decant**'이다. 비싼 와인은 미리 열어서 공기와 접촉시켜야 맛이 살아난다. 그래서 고급 음식점에 가면 와인을 병째로 주지 않고 멋진 병에 옮겨 담았다가 내온다. 이 병은 빨리 공기를 들어오게 하려고 아랫부분이 넓적하다. 이런 병을 '**decanter**'라고 한다. '**decanter**'는 말 그대로 '**de-canister**', 여기선 바구니가 아니라 '들어 있던 통에서 꺼내다'라는 의미다. 와인을 '**decant**'한다는 것은 '병에서 쏟아내다'를 의미한다.

의미 3

바구니, 깡통

유럽 대부분의 나라를 정복한 프랑스의 나폴레옹 장군에게는 큰 골칫거리가 있었는데, 그것은 수많은 군인의 음식들을 수송하는 것이었습니다.

군인들은 대부분 장정들이어서 고기를 자주 먹여야 힘을 쓸 수 있었습니다. 그런데 고기는 구하기도 힘들지만,

구하더라도 곳곳에 흩어져 있는 막사까지 운반하는 도중에 썩어서 못 쓰게 되는 것이 더 큰 문제였죠.

유럽 전체를 상대로 전쟁을 하던 나폴레옹은 1만 2,000프랑이라는 당시로서 어마어마한 금액을 상금으로 내걸고

고기나 채소를 썩지 않게 보관하는 방법을 공모했습니다.

마침내 니콜라 아페르라는 사람이 철로 만든 통 안에 음식을 담고 진공 포장하는 방법을 개발해 상금을 탔습니다.

이 철로 된 통도 식량을 운반하는 바구니에서 시작된 단어 canister 또는 can이라고 부르게 되죠.

처음에는 양철로 만들었기 때문에 'tin can'이라고 했는데, 나중에는 둥근 양철통을 모조리 can이라고 부르게 되었답니다.

문화 독해력 포인트

뉴욕에는 길거리에 둥그런 양철 쓰레기통이 비치되어 있는데, 이를 가리키던 '**trash can**'이라는 단어가 아예 '쓰레기통'을 의미하게 되었다.

재미있는 것은 길거리에 양철 쓰레기통을 비치해본 적이 없는 영국에서는 쓰레기통을 '**trash can**'이라 하지 않고 '**rubbish bin**'이라고 한다. '**rubbish**'는 '잔재', '**bin**'은 '바구니'라는 뜻이다. 즉, 말 그대로 '쓰레기 바구니'를 의미하는 것이다.

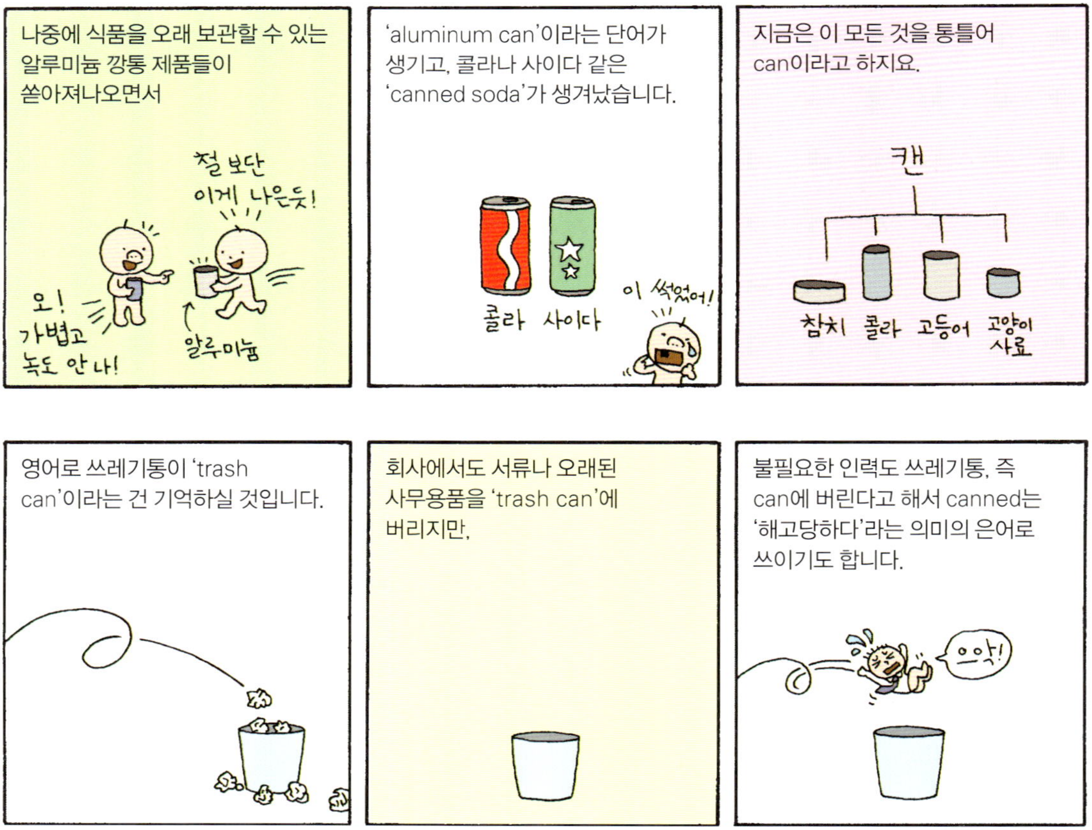

어휘 추리력 포인트

영어의 **c** 발음은 **a**, **o**, **u** 앞에서 **k**로 발음되고(care, cure, core), **e**나 **i** 앞에서는 **s**로 발음된다. 하지만 프랑스에서는 **ca** 발음도 점점 **ch** 발음에 가까워졌다.

예를 들어서

라틴어 → 영어

라틴어 → 프랑스어 → 영어

capital 한 문장의 '머리'글자, 즉 대문자

chapter 새 '글머리', 즉 새 장

captain 한 부대, 배, 비행기의 우두머리

chieftain 한 부족의 우두머리

canal 눈에 보이는 물의 통로

channel 눈에 보이지 않는 전파나 물류의 통로

incantation 중얼거리며 노래하는 것

chanson 중얼거리며 노래하는 것

5 영어는 비빔밥 언어

REX → rich

저명한 영어학자 존 맥홀터 박사는《우리의 영광스런 잡종 언어Our Magnificent Bastard Tongue》라는 책에서 영어를 '잡종 언어'라고 말했다. 영어는 그만큼 여러 종류의 언어가 비빔밥처럼 섞여 만들어졌다는 말이다. 한국어 역시 한자와 함께 사용한 역사가 길고, 일본어와 영어 등을 고유어와 섞어 사용하므로 영어와 비슷한 입장이다. 그래서 '하늘'과 '땅'처럼 우리 고유어를 한자로 표현한 '천지'라는 단어를 들으면 뜻은 같지만 느낌이 다른 것처럼, 영어권 사람들 귀에도 같은 뜻의 영어 단어지만 영어로 들어온 길이 다른 단어의 발음을 들으면 느낌이 다르다고 한다. 또한 우리가 '하늘과 땅' '천지'와 같이 고유어는 고유어끼리 한자는 한자끼리 모아서 단어를 만들지 '하늘지' '천땅'처럼 사용하지 않는 것처럼, 영어도 단어의 출신별로 묶어 사용한다.

지금부터는 영어에 어떤 언어들이 어떻게 들어와 뒤섞였는지 알아보자.

설명
1
영어로 쏟아져 들어온 언어들
지금의 영국 땅에는 원래 '켈트족'이 살고 있었습니다.
켈트족에게는 그들만의 언어가 있었죠. 그 언어는 오늘날 거의 소멸되었지만, 지금의 영국 웨일스에서 생겨난 druid, bourse 같은 몇 개의 단어는
여기
아일랜드
영국
영어로 들어와 쓰이고 있습니다. 그 많던 켈트족의 언어는 대부분 역사 속으로 사라져버렸지요.
로마 제국 시절, 영국은 잦은 공격과 부분적인 지배를 받았습니다.
귀찮으니까 저기까지만 먹자.
영국으로 들어온 로마의 장군과 군대를 따라, 라틴어로 만들어진 정치 법률,
쏼라 쏼라
뭐래?
라틴언가 봐...
사회의 주요 용어들이 영국에 대규모로 들어왔죠.
라틴언지 뭔지...
이, 있어 보인다...
몇 가지 예를 들어보겠습니다. '정의롭다'를 뜻하는 just는 라틴어의 '법IUS'에서,
IUS
Just
라틴어
영어
있어 보여!
'돈이 많다'의 r ch는 라틴어의 '왕REX'에서,
REX
Rich
라틴어
영어
진짜 있어 보여!!

윗사람에 대한 존칭 sir는 '원로원 의원'을 뜻하는 라틴어 Senator에서 왔습니다.
Senator
로마 제국이 멸망한 뒤에 영국에 주둔하고 있던 군대가 철수했습니다.
어디 가요!
망했어~ 나 간다!
갑자기 정부가 사라진 것처럼 되어버린 영국은 질서가 무너지면서 매일 칼부림이 일어나는 등 무법천지가 되었죠.
죽이네~
살리네~
그런 사정을 알게 된, 독일의 축축하고 어두운 숲속에서 살던 앵글로-색슨족이
알아 버렸엉~
자신들이 살던 곳보다 훨씬 살기 좋은 영국 땅으로 이동했습니다.
이렇게 앵글로-색슨족의 언어는 영어의 뼈대가 되었습니다. 그래서 지금도 영어를 '앵글로-색슨족의 말' → '앵글리슈' → '잉글리시'로 부르는 것이죠.
앵글로 족의 말
앵글 리슈
잉글 리시
앵글로-색슨의 언어는 지금의 영어와 똑같이 '주어 + 동사 + 목적어'의 순서로 되어 있었습니다.
주어 + 동사 + 목적어
명사가 복수로 변하면 중간 모음이 변하거나
Goose > Geese
Foot > Feet
Brother > Brethren
Man > Men
Mouse > Mice
끝에 n이 붙는 단어 같은 것들 역시 앵글로-색슨족이 영국으로 들어오면서 함께 유입된 게르만계 영어 단어들입니다.
Ox > Oxen
Child > Children

앵글로-색슨족이 영국 땅에 자리를 잡은 이후
영국
배부르고 등 따셔~
기후 변화로 날씨가 너무 추워지자 바다 건너 북쪽의 얼음 왕국에 살던 바이킹족이 따뜻한 유럽으로 몰려들었습니다.
오! 남쪽 나라?
영국
영국이 유럽 대륙으로 들어가는 입구에 위치해 있어서 남으로 향하던 많은 바이킹들이 일단 영국 땅에 눌러앉았죠.
영국
어라라?
자네 먹을 것 좀 있나?
당연히 바이킹의 언어는 영어로 스며들었습니다.
스멀~ 스멀~
친하게 지내자고!
어, 어 왜이래?
중간에 발음하기 힘든 자음이 한 군데 모여 있는 단어들은 대부분 바이킹 언어에서 왔습니다.
모음 비켜!
k, sk 같은 거친 음이 많은 것도 이들의 특징입니다. 예를 들면 scald, skid, kill, take 같은 것들이죠.
scald
skid
kill
take
1066년이 되어 영국은 다시 강대국이던 이웃 나라 프랑스의 침략을 받았습니다.
동네 북이냐?
약 300년 동안 프랑스 왕실에 권력을 빼앗긴 영국은 영어를 전혀 할 줄 모르는 프랑스 사람들의 통치를 받았습니다.
달팽이 기어가는 소리냐?
솰랑~ 솰랑~
이때 프랑스어가 대거 유입되면서 영어 자체에 큰 변화가 일어날 수밖에 없었죠.
불어임
못 알아들으면 바워!
뭐래?

지금도 종종 볼 수 있는 -ent, -ant로 끝나는 영어 단어들, 예를 들면 claimant, student,
Claimant, student,
그리고 -tion으로 끝나는 단어들 mention, nation 등이 이때 프랑스어에서 영어로 들어온 단어들이랍니다.
변화를 받아들여야 오래살아!
1300년대 후반에 유럽에는 르네상스 시대가 막을 열었습니다. 재생, 부활을 뜻하는 프랑스어 르네상스는
Renaissance
신과 봉건제가 지배하던 중세 유럽 당시를 비판하고, 고대 그리스 로마의 문화를 되살리자는
다시 한번……
문화 예술 부흥 운동이었습니다. 당연히 언어도 영향을 받을 수밖에 없었죠.
툭-툭-
잘 나가 보자고!
뭐지?
이로써 죽어가던 라틴어의 위력이 되살아나게 되었습니다.
되살아난 라틴어
크아-
헉! 좀비냐?
영국도 예외는 아니어서 옥스퍼드와 케임브리지 대학교는 학생들에게 라틴어를 의무적으로 가르쳤습니다.
라틴어
이제부터 수능 필수 과목!
망했다.
이 시기에 과학기술도 발전하기 시작했죠. 명문대에서 공부한 대부분의 과학자들은
뭔가 있어 보이는 학명이 필요해!
그들이 개발한 새로운 기술이나 학명을 라틴어에서 가져와 고급스러워 보이는 어휘로 만들었어요.
그래! 라틴어로 이름 짓자!

다행히 앵글로-색슨어와
바이킹족이 사용하던 노르만어는
거슬러 올라가면 친척 언어입니다.
게르만어
어이~ 친척!
반갑구만, 반가워!
프랑스어와 이탈리아어, 포르투갈어
역시 족보가 같은 친척 언어죠.
알고 보니…
이탈리아어
포르투갈어
프랑스어
모두가 친척이야!
앵글로-색슨어와 노르만어는 독일,
즉 게르만계 사람들의 언어라고
해서 '게르만어군'이라 부르고,
앵글로 색슨어
노르만어
게르만어군
프랑스어와 라틴어는 로마인들의
언어라 해서 '로맨스어군'이라고
부릅니다.
우리도 있다!
게르만어군
로맨스어 군
그런데 역사를 더 거슬러 올라가면
게르만어군과 로맨스어군도 같은
조상의 자손입니다.
게르만어군
로맨스어군
조상어
즉, 게르만어군과 로맨스어군을
연결시켜주는 규칙을 알면 단어
하나로 수십 개의 연결 단어들을
알 수 있게 되죠.
한방에 끝나겠네?
지금부터 발음을 비교해보면서
로맨스 계열 단어인 남유럽에서 온
언어와
로맨스
게르만 계열 단어인 북유럽에서 온
단어를 구별하는 방법,
게르만
그리고 한 단어가 가지를 치고
늘어나면서 어떻게 변화하는지
들여다볼까요?
오예!
숨풍-
숨풍-

라틴어에서 온 단어 frater와 게르만어에서 온 brother
Frater 에서 온 Brother 남자 형 또는 동생
영어 단어에서 친척을 부르는 호칭은 대부분 남자와 여자의 성은 구분하고
나이 서열은 따지지 않습니다.
우리는 평등하다!
그래서 영어를 번역할 때 brother 또는 sister로 표기된 단어를 형으로 읽어야 할지 동생으로 읽어야 할지 난감할 때가 많죠.
너희는 위아래도 없냐?
? ?
그게 필요해?
어쨌든 frater와 같은 뿌리에서 온 단어 brother는 피를 나눈 형제부터
첫찌
두찌
셋찌
종교적 형제(교회에서 말하는 '형제님'이나 '자매님')를 부르는 호칭으로까지 모두 사용됩니다.
형제~
자매여~
아멘~
아멘~
같은 동아리 선후배도 그렇게 부르죠.
행~
님~
여기서 우리는 라틴계 단어 'F'로 시작하는 단어가
빠지직~
F
게르만계에서 'B'로 시작하는 것으로 변한 것을 알 수 있습니다.
변신!
B
F

어휘 추리력 포인트

		라틴어군	게르만어군
형제자매		frater	brother
		frère (프랑스어)	
		fratello (이탈리아어)	brüder (독일어)
영어의 동의어들	형제애	fraternal	brotherly
	협동조직 비밀결사대 전우애	fraternity	brotherhood
	기독교인들의 형제애	friar	brethren
일부러 어렵게 만든 영어 단어		fratricide (동족상잔) confrere (동종업계)	

"Aw, that's so brotherly."라고 말할 수 있습니다.
Aw, that's So brotherly. (대단한 형제애야)
라틴계 어근의 영어 단어들은 B에서 F로, y에서 al로 형태가 바뀌어있습니다.
게르만계
라틴계
B → F
Y → al
호!
따라서 'brotherly = fraternal'인 것이죠. 실제로 이 두 단어는 동의어입니다.
brotherly
fraternal
옛날에도 사람들이 모여 사는 곳에는 어디든 법이 있었습니다. 그러나 옛날의 법은 모든 사람을 보호해주지는 않았습니다.
오직 법을 만든 사람들에게만 유리하게 되어 있었죠.
완전 공평하게 했지롱~
헐~
그래서 같은 직업을 가진 사람들끼리, 또는 같은 마을 사람들끼리 의형제를 맺고,
우리끼리 뭉치자!
그래야 살아!
서로가 곤경에 처하면 도움을 주고받으며 살아야 했습니다. 이렇게 만들어진 협동조직을 brotherhood라고 불렀답니다.
Brotherhood
이 단어는 오늘날의 영어로 '비밀결사대' '전우애brotherhood in arms' 등의 뜻으로 쓰입니다.
으샤 - 의샤 -
뭐하니 재들…
그런데 미국의 몇몇 대학교에는 아직도 정체가 애매한 동아리들이 많이 있습니다.
Gamma
뭐지?

이들 대부분은 동아리 이름에 별 의미 없는 고대 그리스 글자를 갖다 붙이고,
Delta
Gamma
Theta
선배들이 신입생 중 인기가 많아 보이는 학생들을 자기 동아리로 끌어들여
무시무시한 신고식을 치른 뒤 동아리에 충성하도록 하는 것이 특징이죠
이런 동아리들을 fraternity라고 합니다. fraternity는 당연히 brotherhood의 라틴어식 표현입니다.
Brotherhood
Fraterinty
이 단어는 여전히 영어에 포함되어 있으며, '의형제 집단'이라는 뜻으로 쓰이죠.
Fraterinty
게르만 어근의 특징 중 하나는 복수형을 만들 때 가운데 있는 모음을 살짝 바꾸는 것입니다.
모음
예를 들면
Man → Men
Foot → Feet
Mouse → Mice
이런 규칙에 따라 원래 brother의 복수형은 brethren이 되어야 합니다.
e
o
하지만 나중에 brothers라는 복수형이 생겨 종종 쓰이게 되자
Brothers

원래의 복수형 단어였던 brethren은 '혈육' 또는 '같은 기독교를 믿는 종교적 형제'라는 제한적 의미로만 쓰이게 되었죠.
Brothers
Brethren
참고로, 영어로 된 성경에는 아직도 brethren이라는 단어가 나옵니다. 라틴어 frater도 종교적인 형제의 의미가 있었는데,
Brethren
Frather
영어 성경
영어로 friar가 되면서 아예 '수도승'으로 의미가 바뀌었습니다.
Friar
영·미 사람들은 일부러 복잡한 단어를 만들고 싶으면 라틴어 어근을 사용했습니다.
티 좀 내 볼까나? ㅋㅋ
유식
그래서 '동족상잔'을 뜻하는 fratricide와 '동종업계 사람들'을 말하는 confrere라는 단어가 생겼습니다.
Fratricide
Confrere
이처럼 라틴어 어근 F와 게르만 어근 B로 시작하는 단어 중에는 영어의 동의어로 사용되는 경우가 많습니다.
영어
F
B
영어 공부를 잘하려면 어떤 단어를 귀로, 또는 눈으로 접하는 순간 이것이 라틴(남쪽) 출신 단어인지,
게르만(북쪽) 출신 단어인지를 구별하고
게르만
라틴
서로 출신이 다르더라도 의미가 같은 단어를 찾아낼 수 있는 감을 키워야 합니다.
넌 라틴.
잰 게르만.

설명
2
영어에서 꼭 알아야 할 어휘 법칙
영어 단어는 그리스어나 라틴어가 프랑스어를 거쳐 들어온 것, 라틴어가 직접 들어온 것,
그리스어
프랑스어
라틴어
영단어
바이킹어가 독일어를 거치거나 라틴어가 독일어로 변형되어 들어온 것, 독일어가 변형되어 직접 들어온 것 등으로 엉켜 있습니다.
바이킹어
독일어
독일어
라틴어
정말 가지가지로군!
한국어에 한자어에서 온 것, 일본어에서 온 것, 영어에서 온 것들이 섞여 있는 것과 비슷하다고 보면 됩니다.
한자
일본어
영어
아… 그렇군…
우리말
이렇게 영어에는 몇 천 년 전부터 수많은 언어들이 뒤섞여 들어왔기 때문에
내가 연식이 좀 되었지. ㅎㅎ
영단어
영어를 잘하려면 단어가 어디서 어떤 의미로 쓰이다가
단어 정말 많다!
영단어
어떤 경로를 거쳐 영어로 들어왔는지를 알아보는 안목을 기르는 것이 중요합니다.
야호!
다 역사가 있는 '물건'들이지!
영단어
영어에는 족보가 같더라도 들어오게 된 경로가 다르면 발음이 달라진 단어들도 많습니다.
잘 살어~
그래서 영어는 단어가 생기고 이동한 경로만 잘 파악하면 단어를 보는 순간,

굳이 외우지 않아도 의미가 머릿속에 떠오르게 되죠.
막 솟아 난다!
그 정도의 실력을 갖추는 것은 크게 어려운 일이 아닙니다. 지금부터 모양은 다르지만 족보가 같은 단어 중에서
라틴어
K
C
라틴어의 K, C와 게르만어 H의 관계를 자세히 알아보도록 하죠.
라틴어
게르만어
K
C
H
아는 애던가?
Core = Heart
(중심, 심장)
Century = Hundred
(100)
이 영어 단어들은 모두 동의어로 쓰이고 있는데 서로 족보가 같습니다.
많이 달라 보이는데?
단지 영어로 들어오는 과정에서 발음이 일정한 규칙에 따라 변했을 뿐이죠.
그럼 규칙만 알면 쉽겠네?
라틴어에서는 어근이 K, C였던 것이 게르만어를 거치면서 H로 변하는 법칙이 있는데
우리 동지인가?
트랜스 포머 →
이것은 라틴어로 'ㅋ' 소리 시작 음을 가진 단어 뿌리가 독일어식으로는 'ㅎ'으로 시작되는 경우가 많기 때문에 생긴 법칙입니다.
라틴어
독일어 발음
ㅋ
ㅎ
이히히!
그리스어에서 라틴어로 들어간 canis(개)가 hound로 변한 과정을 통해 이 법칙을 알아보도록 하죠. C와 H가 들어 있는 형태소 두 개를 봅시다.
불렀냐?

6 내 가슴(심장)의 영원한 주인
kerd & heart

의미 1 심장에서 용기가 나온다

kerd(선사유럽어근) → **core**(영어 : 심장 → 중심점)
ad + core → accord 심장, 즉 서로의 마음을 맞추다 → 동의하다
dis + core → discord 마음이 맞지 않다 → 분열
re + core → record 다시 지나간 마음을 더듬다 → 기억하다 → 기록
kerd + ial → cordial 마음에서 우러나오는 → 마음이 담긴 / 따뜻한 = 동의어 : heartful

의미 2 심장은 감정의 중심이다

heart
sweet + heart → sweetheart 마음을 달콤하게 해주는 사람 → 연인, 사랑하는 사람
heart + sick → heartsick 마음 아픔 → 사랑 문제로 고통받는 것
heart + throb(마구 뛰다) **→ heart-throb** 마구 가슴 뛰게 하는 사람 → 멋진 남자 / 여자
heart + less(없다) **→ heartless** 감정이 메마른 자 → 냉혈한
heart + string(줄) **→ heartstring** 심장 줄 → 감정 코드

의미 3 의학적 심장

card + logy(말) **→ cardiology** 심장에 대해 말하다 → 심장의학
card + ac → cardiac 심장에 관련된 것들
cardiac arrest 심장마비
heart + beat → heartbeat 심장박동

의미
1
심장에서 용기가 나온다
중세시대 유럽에는 흑사병이라는 무서운 병이 창궐해 유럽 인구의 3분의 1이 죽었습니다.
쯧쯧…
귀족들은 일제히 사람들이 북적이는 도시를 피해 시골로 도망쳤습니다.
전 속력으로!
쌩~
이때 많은 사람들이 죽은 데에는 전염병 자체의 위력보다 의학 상식 부족이 더 컸죠.
당시 의사 옷차림
이렇게 입으면 병 안 걸려!
안 걸릴걸?
당시 유럽의 의료 수준은 너무나 낮았습니다. 중세까지 사람들은 고대 로마시대의 의사인 갈렌이 쓴 책에 있는 의학 상식에 전적으로 의존했죠.
갈렌 → (갈레노스) 129~200년
접니다!
게다가 중세 유럽인들은 무조건 옛 방식이 옳다는 사고방식을 가지고 있었습니다.
저, 저기… 이봐들…
갈렌의 의학이 무조건 옳다!
너무 나만 믿으면…
그들의 조상격인 고대 로마인들이 자신들보다 훨씬 머리가 좋고 현명하다고 믿었답니다.
좋아해야 할지, 말아야 할지…
갈렌 천재!
그런 연유로 갈렌이 죽은 지 1,000년이 지나도록 유럽의 의사들은 의료 기술을 발전시키려 하지 않고
아니 저것들이…
내가 죽은 지가 언젠데.
갈렌~
가알렌~
오로지 1,000년 전의 방식으로만 환자를 치료해 의료 수준이 현저히 낙후되어 있었죠.
갈렌 최오!
갈렌? 갈렌 같은 소리하고 앉았어…
중국

갈렌은 사람의 몸을 하나의 커다란 물주머니로 보고
물 풍선?
사람 몸 안에는 크게 네 가지의 서로 다른 성질을 가진 물이 들어 있다고 주장했습니다.
오줌, 땀, 침 같은 건가?
예를 들어 심장에는 빨간 물, 즉 피가 들어 있고 간에는 까만 물이 들어 있다고 한 것이죠.
심장
빨간물
간
까만물
빨간 물인 피는 몸에 열을 만들고 까만 물인 간의 즙은 몸을 식히는 역할을 하기 때문에
환자 몸에서 열이 나면 빨간 물인 피를 뽑아서 열이 내리도록 해야 한다며 멀쩡한 사람의 피를 뽑는 엉터리 치료 방식을 고집했습니다.
나 죽어~
감기군요. 피 좀 뽑으면 됩니다.
그런 치료법은 1,000년 이상 이어졌습니다. 그런데 대부분의 전염병은 몸에서 열이 나기 때문에
피만 뽑으면 돼요.
피로 조절 가능!
피를 버려야…
당시 유럽의 의사들은 심지어 감기 환자까지도 열을 내려야 치료할 수 있다며 무조건 환자의 피를 뽑다가
또르르륵~
과다출혈로 사람을 죽이는 일도 많았죠.
피를 덜 뽑았나?
어쨌든 갈렌은 심장이 건강해서 몸 안에 적혈이 많은 사람은 몸이 뜨겁고 활발하며 공격적이라고 믿었습니다.
덩실~
덩실~
빨간 피가 많은 사람이로군.

반면, 간에서 나오는 까만 즙이 많은 사람은 몸이 차갑고 활발하지 못해 우울하다고 주장했습니다.
우울
우울
까만피
1200년대 영국에는 십자군을 이끌고 예루살렘까지 원정을 나가 큰 전공을 세우고 돌아온 리처드 2세라는 왕이 있었습니다.
날세!
그는 영국 왕실의 상징인 사자가 그려진 커다란 깃발을 휘날리며 예루살렘으로 달려가
멀었나?
헉-헉-
예루 살렘 앞으로 30일
이슬람의 영웅인 살라딘과 한판 대결을 벌였죠.
헉헉, 나와서 싸우자!
살라딘
불쌍해 보여…
너 벌써 지친거 같은데?
둘 다 출중한 전사였으므로 라이벌이지만 상대방을 예의 있게 대했다는 기록이 많이 남아 있습니다.
죽여도 될까여?
어쨌든 지금의 우리는 리처드 2세를 '사자왕 리처드'라고도 부르는데
리차드
사자왕
나쁘지 않아.
이는 영어로 'Richard Lionheart', 즉 '사자 심장 리처드'라고 합니다.
유럽인들이 심장에서 용기가 나온다고 굳게 믿어왔음을 보여주는 예인 것이죠.
역시 심장이 세!
왕 심장!
사자 심장! 강심장!
프랑스에서는 '심장'을 coeur라고 했습니다. 여기서 심장의 힘이 좋은 사람,
Coeur

즉 courage가 있는 사람은 용기 있게 자기 생각을 행동으로 옮기는 사람이고,
겨울이지만 들어간다!
오~ courage가 있어!
courageous한 사람은 당당하고 용감한 사람을 의미하게 되었답니다.
나 courage 하지?
으하하
으이그 그리 좋아?
심장이 충분히 강하지 못해, 즉 마음이 약해서 생각을 행동으로 옮기는 것을 머뭇거리는 사람에게
쪼글~
쪼글~
난 못해...
어?
헐~
다시 심장을 다듬어주는, 즉 'en + courage → encourage' 해주는 것은 '그 사람의 심장/용기를 북돋우다'를 뜻하는 단어가 되었고
꾹-
꾹-
펌프
반대로 'discourage'는 '그 사람의 심장을 진정시키다',
하하핫
자, 자, 이제 그만!
즉 '그 사람이 (심장의 강한 힘을 낮추어서) 어떤 행동에 열정적으로 돌입하지 못하게 하다'란 의미가 되었죠.
진정 하고...
넹...
coeur는 라틴어 card에서 넘어온 단어입니다. 라틴어에서 'ㅋ' 발음으로 시작하는 단어가 영어로 건너오면서 'ㅎ' 발음으로 약해진 경우가 많죠.
ㅋ
ㅎ
살 살~
card를 영어식으로 발음하면 heart가 됩니다. 그래서 'lose heart'는 '용기를 잃다'가 되고
심장을 잃었어!
Lose heart
dishearten은 마치 피가 모자란 사람처럼 '실행할 용기가 없다'란 의미가 됩니다.
난 심장 없다!
텅 텅
저런!
Dishearten

의미
2
심장은 감정의 중심이다
좋아하는 사람을 보면 심장이 두근거리면서 피가 뜨거워지는 듯한 느낌이 듭니다.
잘생~
잘생~
뜨끈-
그래서 중세 유럽인들은 자신의 심장에는 자기와 잘 맞는 사람을 구별할 수 있는
아아~♪
일종의 '레이더' 같은 것이 달려 있다고 생각했죠.
웡~
웡~
근무중 이상무!
오늘날 '사랑해요'라고 말하며 손으로 심장 모양을 그리고,
샤샥
피를 나타내는 붉은색의 심장 모양이 사랑을 상징하게 된 것도 이 때문이랍니다.
실제로 1,000년 전 프랑스에는 기 샤틀랜 드 쿠시Guy Chastelain de Coucy라는 폼 나는 이름의 기사가 살았습니다.
어? 그, 그건 폼이 안 나는데…
편의상 그냥 '쿠시'라고 부르죠.
전설에 의하면 쿠시는 다른 기사의 아내인 유부녀 파엘 부인과 깊은 사랑에 빠졌습니다.
뭐냐 이 막장 드라마 같은 전개는…
이 두 사람의 러브스토리가 얼마나 애절했던지 그들에 관한 소문은 프랑스 곳곳으로 퍼졌고,
그 소문 들었어?
쿠시랑~ 파엘이랑~

나중에는 소설로까지 쓰였습니다.
때는 바야흐로 1100년대.
쿠시와 파옐
사랑이 아니면 사랑을 달라! 사랑 없이는 볼 수 없는 끝 없는 사랑 이야기. 사랑사랑
보카 영단어
신간 소설
유럽의 기사라면 예루살렘으로 가서 이슬람교도들과 싸워야 하던 십자군 전쟁 시대였죠.
신의 이름으로!
쿠시도 사랑하는 파옐 부인을 남겨둔 채 말을 타고 예루살렘으로 떠나야 했습니다.
갈 길 멀어. 빨랑 끝내!
쿠시는 떠나기 전 파옐 부인에게 '내 가슴의 영원한 주인님',
내 가슴의 영원한 주인님!
아, 씨~ 또 길어지겠네!
즉 '미스트레스'로 모시겠다고 맹세를 했고 파옐 부인은 쿠시에게 사랑의 증표로 머리카락을 잘라주었습니다.
자-
쿠시는 그녀의 머리카락을 금과 보석으로 장식된 작은 상자에 넣어 전쟁터로 가져갔습니다.
어느 날 전투에 나간 쿠시는 적의 화살에 맞고 말았습니다.
아얏!
자신이 살아날 가능성이 없다는 것을 깨달은 쿠시는 파옐 부인과의 마지막 약속을 지키고 싶어했죠.
아… 나… 죽나보다…
주, 주인님… 흐흑…
그는 자신의 가슴을 파옐 부인에게 주기로 약속했으므로
자네에게 부탁이 있네.
말씀하세요, 주인님!

하인에게 자신의 심장을 도려내 파옐 부인에게 전해달라는 유언을 남기고 숨졌습니다.
꼴깍~
자, 잠깐만요 주인님, 그건 좀…
하인은 주인의 심장을 들고 파옐 부인을 찾아가던 중 그만 그녀의 남편에게 들키고 말았습니다.
헉
그거 뭐니?
파옐 부인의 남편은 질투와 분노를 이기지 못해 부인에게 복수할 결심을 했죠.
복수닷!
그는 부인 몰래 요리사를 시켜 쿠시의 심장으로 요리를 만들어
새로운 재료를 보니 창작욕이 샘솟는다!
부인에게 저녁식사로 내라는 지시를 내렸습니다.
결국 자기가 애인의 심장을 먹었다는 끔찍한 사실을 알게 된 파옐 부인은 충격에 빠져 죽고 말았다는 이야기입니다.
말도 안 돼…
이렇게 중세 유럽 사람들은 heart에서 사랑이 나온다고 믿었습니다.
이게 사랑야~
심장은 또 '달콤함을 느끼게 해주는 사람'을 뜻하는 sweetheart, 즉 '자기야' 같은 애칭으로도 쓰입니다.
사탕이 달다.
심장이 달콤함을 느끼는 것.
또 '심장을 두근두근 뛰게 한다'를 의미하는 heartthrob은 '멋진 남자' 정도로 번역할 수 있죠.
나 불렀어?

'사랑 때문에 마음이 아픈 것'은
heartsick이라고 합니다.
너 어디 아파?
짝사랑 때문에…
당시 사람들은 심장에 악기처럼
현이 달려 있어서 마음에 꼭 드는
사람을 만나면
음악의 '코드' 같은 것이 맞아
떨어지듯 두 현이 공명을 하면서
지지잉~
윙윙윙윙~
사랑을 하게 된다고 여겼기 때문에
심장에 있는 '스트링',
부비-
부비-
즉 '현을 자극하다'를 의미하는
heartstring은 '감정 코드를
건드린다',
띵용 용~
다시 말하면 '심금을 울리다'를
뜻합니다.
네가 나의 Heartstring을…
꺼져!
heart의 라틴어인 card에서 직접
영어로 건너온 단어에도 비슷한
의미가 있습니다.
Card라고 해서 신용카드인줄…
'ac + cord → accord'는
'마음이 맞다'이고, discord는
'마음이 맞지 않다'를 뜻합니다.
Accord →
Discord →
그래서 accord는 '합의',
discord는 '분열'로 의미가
확장되었죠.

'옛 일을 되살려서 마음에 새기는 것'을 're + cord → record'라고 하는데
하~
이 때가
좋았지!
지금은 '기억하다' '기록하다'라는 의미로 쓰입니다. 또 '심장으로'를 뜻하는 'cordial'은 '마음이 담긴'이란 뜻인데
그래,
다시 한번
마음이 담긴
편지를 써
보자!
미국인들은 편지를 쓸 때 마지막 인사말로 'Cordially yours(심장을 다해 당신에게)'라고 쓰는 것이 관행입니다.
아…
심장을 다 해
쓴 건데…
꼬깃-
의미
3
의학적 심장
유럽 사람들이 고대 로마의 철학자 갈렌의 의학지식을 절대적으로 믿고 따르던 시대에
또
나 왔다!
갈렌(갈레노스)
129~200년
아랍에서는 이미 수술과 병균에 대한 체계적인 의학이 과학적으로 정리되어 있었습니다.
뭘 좋아하나!
네 지식
거지 같다고!
하지만 강한 크리스트교 사상을 품고 있던 중세 유럽 의사들은
병에
걸리는 것도
신의 뜻
이니라~
아멘~
아랍 의학을 이교도의 학문이라며 무시하고 유럽으로 전해지지 못하게 했습니다.
이교도는
꺼져!
아멘~
으…
그 때문에 무서운 전염병인 흑사병이 돌았을 때 유럽 인구의 3분의 1이 목숨을 잃게 되었죠.
으윽, 흑사병도
신의 뜨…읏…
나
갈게~

결국 18세기가 되어서야 유럽의 젊은 의사들은 사람 몸이 단순한 물주머니가 아니라
이걸로 찌르면 터질까?
어허! 물주머니가 아니라니깐!
피가 돌면서 영양을 공급하는 일종의 기계라는 아랍의 의학 이론을 받아들이기 시작했답니다.
흠, 그럼 사이보그 같은 거?
야, 너무 앞서 가지는 말고…
하지만 아랍에서 1,000년이 넘도록 이런 이론으로 수많은 사람을 고쳐왔지만 그때까지도 유럽의 의학계를 쥐락펴락했던 노년의 의사들은
우리가 첨단이다!
우리만 믿으면 산다!
젊은 의사가 아랍의 의학 이론을 주장하면 논문심사에서 떨어뜨리고
심사위원단
탈락입니다!
의사 자격증을 주지 않는 등의 횡포를 부려 여전히 유럽의 의학 발전을 가로막았다고 합니다.
감기에 걸렸어요.
피를 뽑아요.
흑사병에……
피를 뽑아요.
어쨌든 지금은 심장이 뛰면서 인체 구석구석으로 피가 돌도록 하여
그 피를 타고 영양과 산소가 공급돼 인간의 목숨이 유지된다는 것은 기본 의학 상식이 되었죠.
영양
산소
피
그래서 오늘날 세계 거의 모든 병원에서는 심장박동 수로 사람의 건강 상태를 판단합니다.
두근
오- 정상-
두근
세근
심장박동 수는 '심장이 때리다'라는 뜻의 heartbeat이나,
두근
두근
두근
두근
안에 모터가 들었나?

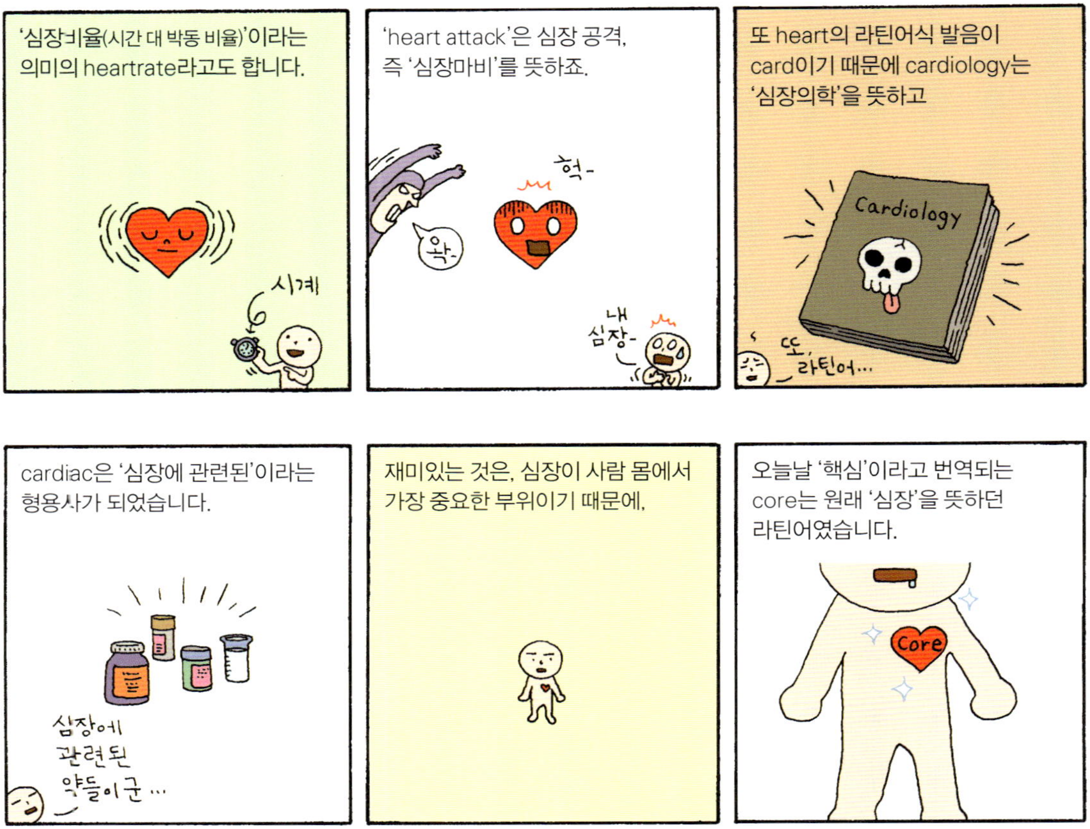
'심장비율(시간 대 박동 비율)'이라는 의미의 heartrate라고도 합니다.
시계
'heart attack'은 심장 공격, 즉 '심장마비'를 뜻하죠.
헉-
욱-
내 심장-
또 heart의 라틴어식 발음이 card이기 때문에 cardiology는 '심장의학'을 뜻하고
Cardiology
또, 라틴어...
cardiac은 '심장에 관련된'이라는 형용사가 되었습니다.
심장에 관련된 약들이군...
재미있는 것은, 심장이 사람 몸에서 가장 중요한 부위이기 때문에,
오늘날 '핵심'이라고 번역되는 core는 원래 '심장'을 뜻하던 라틴어였습니다.
core

7 견유학파는 흰 똥개에서 온 말

cynosarge → cynics

의미 **1**

사냥(게르만계)

hound → hunt 개를 가지고 하는 활동 → 사냥
man + hunt → manhunt 사람에게 개를 풀다 → 현상수배
witch + hunt → witchhunt 마녀사냥
hound out 숨어 있는 사람을 쫓아 다녀 찾아내다
blood + hound → bloodhound 피를 쫓는 개, 아주 잔혹한 사람
grey + hound → greyhound 회색 개 → 그레이하운드(견종)

의미 **2**

개 같은(욕설, 라틴계)

cynikos → cynic 견유(개)학파 → 키니코스 학파 → 냉소
cynicism 냉소주의
cynical 냉소적인
canis + ria → canaria 개들이 많은 나라 → 카나리 섬
canaries 개들이 사는 섬에 몰려들어 사는 새 → 카나리아(canary bird)

의미 **3**

동물로서의 개(라틴계)

hund → canis → canine 개와 관련된
K-9 군대에서 'canine'을 발음대로 줄여 쓴 것 → 군견
canine tooth 개 이빨 → 송곳니
canis + ide → canide 개의 가족 → 갯과(科)
canis + cular → canicular 천랑성(큰개자리) → 한여름의

의미
1
사냥
(게르만계)
세상이 온통 눈으로 뒤덮여 생명체를 찾아보기 힘들었던 빙하기,
※ 빙하기의 풍경을 극사실적으로 표현한 것.
혹독한 추위를 견디고 간신히 살아남은 몇몇 인간들은 역시 몇 안 남은 사냥감을 쫓아
흔적이다!
얼음으로 뒤덮인 광야를 떠돌며 먹이를 구해야만 계속 살아남을 수 있었습니다.
이런! 눈 때문에 발자국이…
걱정마! 내게는 바로……
그래서 인간은 사냥을 도울 수 있는 개를 훈련시켰죠.
왕!
개가 있다!
피융~
가라, 쫑!
개는 냄새를 잘 맡아서 눈이나 얼음 밑에 숨어 있는 사냥감도 찾아낼 수 있었으므로
찾았다!
왕!
왕!
헉!
굶주림에 시달리던 빙하지대의 인간들이 사냥으로 먹이를 구하는 데 많은 도움을 주었습니다.
하하핫~
그뿐 아니라 인간에게 꼭 필요한 사냥감을 채가려고 호시탐탐 노리던 맹수들도 쫓아 사냥감을 지켜주었죠.
쳇-
왕왕왕
꺼져!
그래서 사냥으로 먹이를 구해 간신히 생계를 이어온 북유럽에서는 아주 오랜 옛날부터 개와 인간의 관계가 상상 이상으로 친밀합니다.
상상 이상~

북유럽 이외에도 개와 친밀한 관계를 맺어온 국가들은 더 많습니다.
우리도 상상 이상~
심지어 미국에는 'Dog is a man's best friend'라는 속담이 있을 정도죠.
사람들은 차츰 개를 곁에 두고 살면서 여러 방면으로 도움을 받았지만
넹.
나를 따라 오세용~
사람과 개의 가장 돈독한 관계는 역시 완벽한 사냥 파트너일 때 이뤄집니다.
환상의 콤비
사람은 식량 보관법을 알아내 사냥한 고기를 잘 보관할 수 있어
이렇게 건조하면 겨울에 먹을 수 있다!
지금 먹으면 안 될까?
계절에 상관없이 개에게 꾸준히 안정된 식사를 제공해줄 수 있고,
겨울 이다!
주인 말 들길 잘했쪄!
냠냠…
개는 뛰어난 달리기 속도와 날카로운 어금니의 파괴력, 냄새를 잘 맡는 뛰어난 후각으로
우사인 볼트!
호두까기!
맛있는 냄새다!
킁- 킁-
사냥철이 되면 숨어 있는 사냥감들을 찾아주어, 인간이 먹이를 구하기 어려운 조건에서 살아남는 데 반드시 필요한 존재가 되었답니다.
찾았어!
죽을래?
선사시대에

유럽인들은 인간과 함께 살며 밀접한 관계를 맺는 개를 khant라고 불렀는데,
Khant
남유럽 사람들은 이 단어에서 H를 떼어내고 발음 위주로 다시 만들어 'canis'라고 했습니다.
Khant
Canis
언어란 바람처럼 자유롭게 왔다 갔다 하는 성질이 있어 이 단어가 다시 북유럽으로 들어갔는데
Khant
쌩~
북유럽 사람들은 여기서 다시 k를 떼어내고 hund라고 불렀죠.
어라? 첨 보는 단어네?
Canis
뭔가 냄새가 나!
특히 오랫동안 깊은 숲속에서 사냥으로밖에 먹이를 구할 수 없었던 북유럽 사람들은
예써!
배고프다, 사냥 가자 Hund!
'개'라는 뜻의 hund에서 '사냥'을 뜻하는 hunt라는 단어를 파생시켰습니다.
Hund야, 앞으로 사냥을 Hunt라고 하자!
ㅇㅋ
오늘날의 영어로도 hunt의 뉘앙스는 단순한 사냥을 의미하기보다, 개가 빠르게 달려 사냥감을 쫓아가
피 —— 융 ——
적절한 공격 위치를 찾아내면 사람이 그 뒤를 쫓아가서 사냥하는 것을 의미합니다.
그렇지! 걸려들었다!
우왕~
망했...
그래서 'I am going to hunt this guy out'이라는 표현은 '개가 사냥감을 쫓아가듯 그 사람의 발자취를 끝까지 따라가 기어이 찾아내겠다'라는 뜻이 됩니다.
셜록

manhunt는 '개를 풀듯이 범죄자 등을 추적해서 잡다'라는 뜻으로 쓰이고
서랏!
욕아님
이런 '개'같은…
'마녀사냥'을 뜻하는 witchhunt도
내가 딱 보면 마녀지.
꼭꼭 숨어 있는 마녀들을 반드시 찾아내 벌을 준다는 뜻으로 쓰였습니다.
뭐?
쟤가 마녀다!
하지만 지금은 무고한 사람을 마녀로 몰아 벌주었다는 중세의 잘못된 역사가 알려져
마녀는 화형!
어어… 이봐!
'무고한 사람에게 죄를 뒤집어씌워 죽이다'라는 뜻으로 쓰이죠.
Witchhunt = 마녀사냥
없는 죄를 만들다니…
hound는 단순한 개라기보다 후각이 발달해 냄새로 귀신같이 사냥감을 찾아내 쫓아갈 능력이 있는 사냥개'를 말합니다.
나는 Hound고 너는 그냥 똥개임.
그래서 'hound out = hunt out'이 되었죠.
출~똥~
피~용~
큰 사냥감이 사람과 개에게 공격을 받아 피를 흘리면서 도망칠 때
헉-
헉-
피 냄새를 맡고 악착같이 쫓는 개를 bloodhound라고 불렀는데
피 냄새랑 토끼 노린내가 난다.

나중에는 '약한 자를 피도 눈물도 없이 끝까지 쫓아가 자기 이익을 취하는 악덕 사업가'를 의미하게 되었습니다.
자, 잠깐! 지금 내 욕 하는 건가?
여러 hound 중 달리기 속도가 가장 빠르고 키가 크기로 유명한 'greyhound'라는 품종의 개가 있는데,
나, 나는…
지금은 사냥으로 생계를 유지하는 사람이 거의 없어서 개 달리기 경주에 쓰입니다.
자세 좋고!
그래서 미국의 대표적인 장거리 고속버스 이름 중에 '그레이하운드'가 있죠.
GREY HOUND
만약 미국에서 'I am taking a greyhound'라고 하면
I am taking a greyhound.
그레이하운드 로고를 가진 버스를 타겠다는 말이 됩니다.
너 말고 저거…
아-
의미
2
개 같은
(욕설, 라틴계)
사냥으로 거의 모든 식량을 해결해야 했던 북유럽에 비해 농사를 지어 먹을거리가 풍부했던 남유럽에서는
고기 보다 이게 건강에 좋음.
개와 인간의 관계가 그리 가깝지는 않았습니다.
웬놈이냐!

남유럽에서 개는 사람들의 사랑을 받기보다 오히려 무시당하는 존재였습니다.
멍청이.
개는 인간이 먹기에도 부족한 식량을 축내면서, 가끔 애들과 놀아주고
깨갱!
집 안을 침범할 기미를 보이는 도둑을 쫓는 정도의 간단한 일만 맡아
부시럭-
왈왈왈~
으... 시끄러...
전적으로 먹이 구하는 일을 맡았던 북유럽의 개들에 비해 존재감이 미약했던 것이죠.
꺼져-
깽-
그래서 남유럽에서는 '개'라는 단어가 여러 안 좋은 상황에서 사용되었고
그마안-
개 같은
개판
개같이
개개_
개...
점차 욕으로도 사용되기 시작했습니다.
멈칫-
개X아!
플라톤이 활동하던 시대에 그리스에서 가장 강성한 도시국가였던 아테네에는
청년들이 운동을 하며 심신을 단련할 수 있는 공터가 많았습니다.
그중에는 그리스인들이 불경한 곳이라며 피하던 '하얀 똥개 운동장'이란 별명을 가진 곳이 있었죠.
하얀 똥개 운동장

아테네 사람들이 이 공터에서 신에게 제물로 바치려고 정성껏 준비해둔 고기를
한우 등심
하얀 똥개가 물고 달아났다고 해서 붙여진 별명입니다.
득템!
쌩~
플라톤이 아테네에서 제자들을 가르치면서 인기가 높아지자
플라톤 수업
와글
와글
인근 마을에서도 말깨나 한다는 철학자들이 아테네로 건너와 제자들을 모으러 다녔습니다.
우~후~
죽~순~
족집게 철학
인생 철학
철학관
그중에는 멀리 북쪽에서 온 디오게네스라는 사람도 있었습니다. 그런데 당시는 아테네 사람들이 외지인들을 엄청나게 차별하던 때였죠.
촌놈은 꺼져!
따라서 좋은 터에서는 아테네 출신 철학자들만 강의를 할 수 있었습니다.
좋은 학군
저것들이…
외지인이었던 디오게네스는 할 수 없이 아테네 시민들이 불경하다며 근처에도 가지 않으려 했던 그곳,
멍청한 아테네 놈들!
인근에 볼일이 있으면 삥 돌아갔던 그곳 '하얀 똥개 운동장' 공터에서
하얀 똥개 운동장
여긴 아무도 없고 좋군~
청년들을 모아놓고 자신의 냉소철학을 가르쳤습니다.
공부해서 남 주는게 바로 나다!
네~

‘하얀 개’는 고대 그리스어로 cynosarge입니다.
Cynosarge
아테네 사람들은 디오게네스와 그의 제자들을 가리켜 ‘하얀 똥개 운동장에서 모이는 사람들’이라고 해서
‘똥개학파(견유학파)’를 뜻하는 ‘키니코스학파’라고 불렀습니다.
키니코스 학파
디오게네스는 사람들의 고정관념을 따끔하게 꼬집는 독설로 유명해 따르는 청년들이 많았습니다.
독설
김구라 같은 건가…
그에 관한 많은 일화가 전해지고 있는데, 어느 날 디오게네스가 물고기에 목줄을 매달아 아테네 시내를 질질 끌고 다녔다고 합니다.
질질~
사람들이 미친놈이라며 손가락질을 하자 디오게네스는
당신들이 쓸데없이 강아지에 목줄을 매달아 끌고 다니는 것과 무엇이 다르단 거요?
라고 따끔하게 말해 그를 놀리던 자들의 코를 납작하게 만들었다고 합니다.
이겼당~ ㅋㅋ
디오게네스는 청년들에게 고정관념을 버리고 무슨 일이든 일단 의심을 해봐야 한다고 가르쳤습니다.
아닛! 저것이 과연 응가일까?
죄송~ 급해서 그만…

디오게네스는 또 왜 모든 사람이
집을 짓고 살아야 하느냐며
부동산도 다 필요 없다!
술 담그는 오크통을 시장통에
옮겨놓고 그 안에서 살았다고 합니다.
아늑해~
그가 가진 재산도 목마를 때 물을
떠먹는 나무 컵 하나뿐이었는데
내 전 재산~
어느 날 길을 걷다가 거지가 손으로
물을 떠먹는 모습을 지켜보더니
꿀꺽-
꿀꺽-
오옷!
물 떠먹는 데 꼭 컵이 있어야 하는 건
아니라면서 하나뿐인 나무 컵마저
버렸다고 합니다.
이것도 필요 없으!
와작-
헐
차리리 나 주지…
그래서 오늘날까지도 남들이 다
하는 일을 따라 하지 않고 따끔하게
꼬집는 사람을
가자, 쫑!
질질….
'시니컬하다'고 말하는데 그리스어로
cyno가 '개'를 뜻하므로 엄밀히
말하면
나?
'시니컬'해!
'시니컬한 사람'이란 말은 '개 같은
사람'이라는 말과 같다고 볼 수 있죠.
'개 같은 사람'
오늘날 세계적인 휴양지로
잘 알려진 카나리 섬도 남유럽
사람들에게 무시당하던 개와 관련이
깊습니다.
대서양
유럽
여기
지중해
아프리카

의미 3

동물로서의 개 (라틴계)

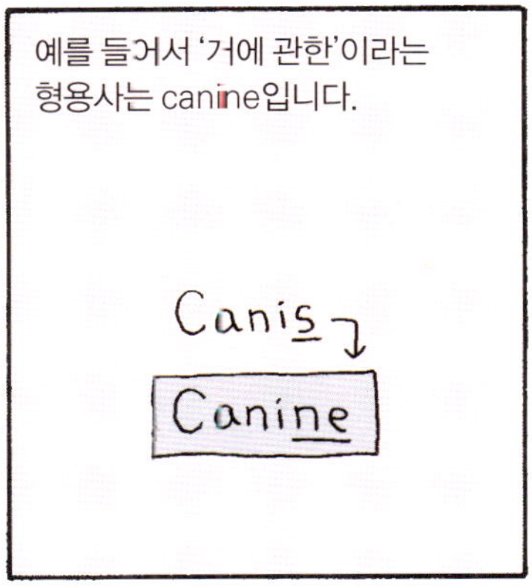

군견을 거느리고 다니는 경찰이나 군부대를 'canine unit'이라고 하는데, 이 단어의 발음을 줄여서 'K-9'이라고 합니다.
방탄 조끼
K-9 이라고 하죠.
미국 드라마에서 경찰이나 군인이 나오는 장면에 군견이 총을 맞으면 'K-9 down!'이라고 외치는 대사가 있죠.
K-9 down!
POLICE
또 사람의 송곳니 역시 개의 이빨처럼 생겼다고 해서 'canine tooth'라고 부릅니다.
라틴어 어근에 '-ide'를 붙이면 '~의 가족'이란 뜻이 됩니다.
Safavide
Almoravide
Bovide
그래서 'canide' 하면 개의 가족, 즉 '갯과(科)'가 되죠.
여우
늑대
하이에나
별자리 중 시리우스는 원래 큰개자리입니다. 유럽은 이 큰개자리 별이 하늘에 높은 곡선을 그릴 때
우리의 말복처럼 일 년 중 가장 더운 시기를 보냅니다. 이 때를 carnicular 또는 'dog days'라고 부릅ㄴ 다.
완전 Dog day네!
Why me?
따라서 1970년대 알 파치노 주연의 할리우드 영화 〈Dog Day Afternoon〉은
알 파치노
존 카제일
'정말로 무더웠던 그 오후'라는 뜻이 되죠.
꺄 저 주인공 둘의 헤어 스타일이 넘 더워 보여!

8 제우스(신)와 피터(아버지)

Deus + pater → Jupiter

의미 **1**

아버지

Deus + pater → Jupiter 신 + 아버지 → 아버지 신 → 주피터(고대 그리스의 신 제우스의 로마식 이름)

father/pater 아버지

fatherly/paternal 아버지다운, 자상한

father + hood → fatherhood 아버지로서의 삶, 자질, 자격

pater + nitas → paternity 위와 같은 의미로 쓰이는 단어

(brotherhood = fraternity, brotherly = fraternal 과 비교)

의미 **2**

가장, 국가의 원로

pater + ician → patrician 로마제국의 원로 → 상류계급

pater + name → patronym 아버지 + 이름 → 성

pater +archon → patriarch 아버지 + 지배 → 가장

patriarchy 가장이 군림하는 사회 → 가부장제

pater + ones → patron 보스, 후원자

patronage 후원(Thank you for your patronage : 자주 들러주셔서 감사합니다)

God + father → godfather 신이 준 아버지 → 대부

의미 **3**

조국, 나라

father + land → fatherland 아버지의 땅 → 조국

com + patriot → compatriot 자국민들

patria + otes → patriot 애국자

ex + patria + tes → expatriate → expat 자기 나라를 떠나 임시로 외국에 나가 있는 사람들

의미
1
아버지
선사시대, 인도유럽인들은 유목민이었습니다.
동굴이나 움막에는 부인들과 아이들이 머물렀습니다.
어머니는 동굴을 지키며 가족을 위해 요리했고, 아버지는 곳곳에 위험이 도사리고 있는 야외로 나가
맹수를 물리치고 무서운 이웃 부족과 싸우고 먹이를 구해와 가족을 먹여 살리는 어려운 임무를 맡았죠.
오늘 저녁은 멧돼지 삼겹살!
하지만 언제 어디서 위험이 닥칠지 몰라 가족 전체가 안전한 곳을 찾아 자주 이동해야 했는데
아버지는 이때마다 안전한 장소를 찾아내 가족을 탈 없이 이동시키는 일도 도맡았습니다.
그래서 선사시대의 인도유럽인들은 온 가족이 아버지를 신처럼 떠받들었죠.
아빠
최고!
아버지는 어려운 임무를 맡은 대신 가족이 반드시 지켜야 할 규율을 정했고,
넌 화장실 청소-
넌 빨래-
당신은 요리-
넌 우유먹기,

이를 어기는 사람은 처벌할 수 있는 권한이 있는 절대 권력자였습니다.
네가 감히 아빠에게 반항을?
근데 화장실이 없는데 어떻게 청소를…
그런 절대 권력자인 아버지를 선사 인도유럽인들은 phater라고 불렀습니다.
으르릉~
phater
이 단어가 북유럽으로 가면서 PH 발음이 F로 바뀌어 father가 되었죠.
phater
Father
(북유럽 스타일)
한편 남유럽에서는 이 단어가 여러 나라로 흘러다니다가 H가 떨어지고 P가 남아 pater가 되었습니다.
phater
pater
(남유럽 스타일)
선사시대 유럽의 아버지들이 가족에게 얼마나 대단하고 무서운 존재였는지는
아빠
'신'을 뜻하는 고대 로마인들의 단어에도 잘 나타나 있습니다. 라틴어로 '신'은 Deus, 아버지는 pater입니다.
pater
Deus
이 두 단어를 합치면 Deuspater가 되고, 이것을 빠르게 발음하다 보니 Jupiter가 되었죠.
신과 아빠가 합체!
Jupiter
즉 로마 시대에 주피터로 불리던 신이 그리스 시대에는 제우스로 불렸습니다.
제우스
주피터
자기 말을 거역하는 다른 신들을 번개로 때려잡는 신 중의 신이 바로 그입니다.
발싸!
빠직~

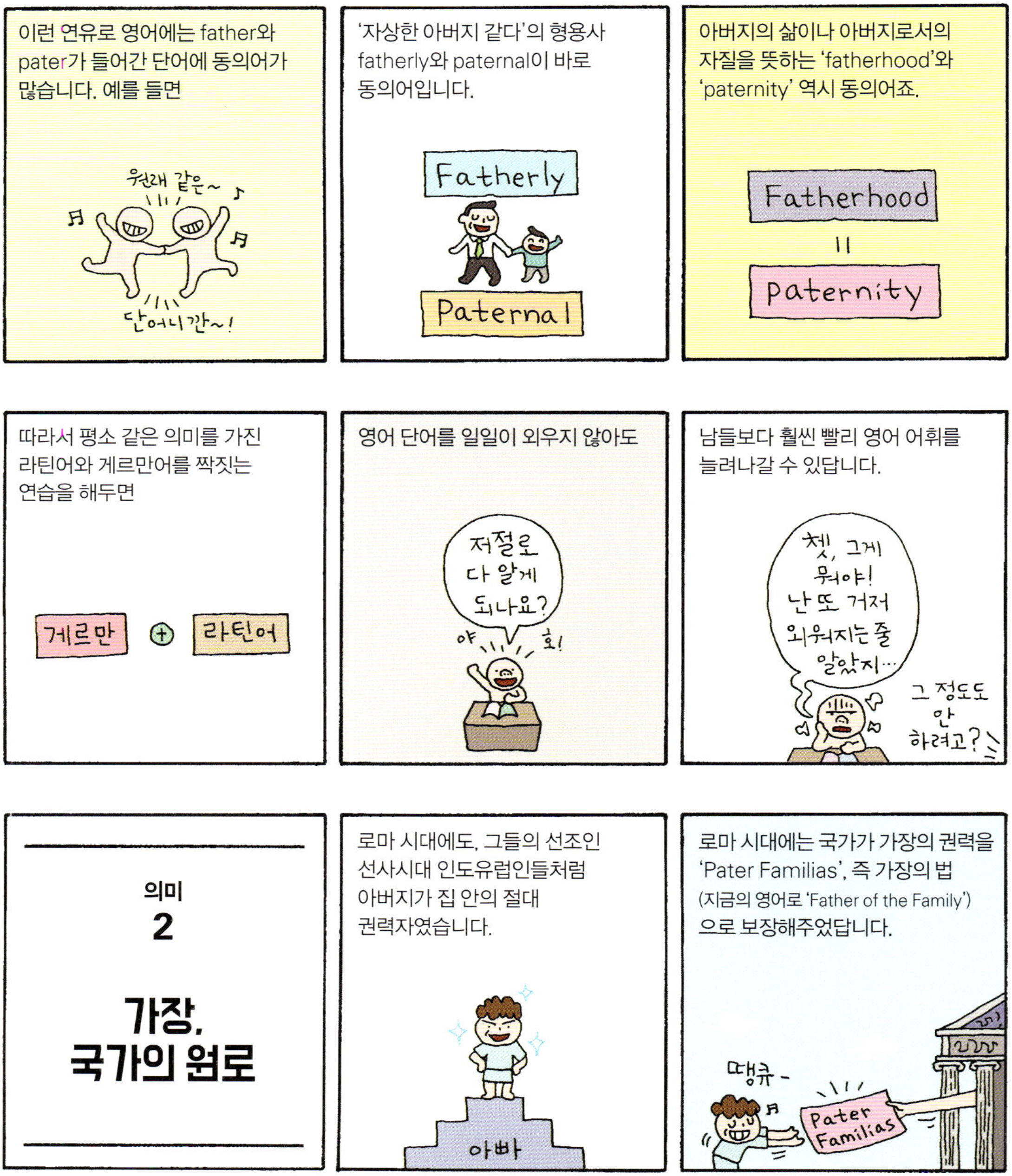
이런 연유로 영어에는 father와 pater가 들어간 단어에 동의어가 많습니다. 예를 들면
원래 같은~
단어니깐~!
'자상한 아버지 같다'의 형용사 fatherly와 paternal이 바로 동의어입니다.
Fatherly
Paternal
아버지의 삶이나 아버지로서의 자질을 뜻하는 'fatherhood'와 'paternity' 역시 동의어죠.
Fatherhood
=
paternity
따라서 평소 같은 의미를 가진 라틴어와 게르만어를 짝짓는 연습을 해두면
게르만
라틴어
영어 단어를 일일이 외우지 않아도
저절로 다 알게 되나요?
야호!
남들보다 훨씬 빨리 영어 어휘를 늘려나갈 수 있답니다.
쳇, 그게 뭐야! 난 또 거저 외워지는 줄 알았지…
그 정도도 안 하려고?
의미 2
가장, 국가의 원로
로마 시대에도, 그들의 선조인 선사시대 인도유럽인들처럼 아버지가 집 안의 절대 권력자였습니다.
아빠
로마 시대에는 국가가 가장의 권력을 'Pater Familias', 즉 가장의 법 (지금의 영어로 'Father of the Family') 으로 보장해주었답니다.
땡큐-
Pater Familias

예를 들면 아버지는 자식이 집 안에서 맡아야 할 역할과 직업, 수입, 결혼 상대까지 모두 알아서 결정할 수 있었습니다.

자식은 아버지의 재산과 마찬가지였으므로 아버지의 결정에 반기를 들면 아버지에게 맞아 죽을 수도 있었죠.

집 안에서 아버지pater는 최고의 권력을 쥔 사람archon, 즉 patriarch였던 것입니다.

서양 언어로 쓰인 성경에서는 자식을 죽여도 될 정도의 막강한 권력을 가진 가장을 patriarch라고 표기하고 있습니다.

단어의 여성형인 matriarch는 권력의 자리에 있는 여성을 뜻합니다.

이처럼 한 가정을 이끄는 가장에게 막강한 권력을 브장해준 로마의 제도를 patriarchy, 즉 '가부장제'라고 합니다.

우리나라에 건국 시조로 단군이 있다면

로마의 건국 시조는 어머니 없이 늑대 젖을 먹고 자란 로물루스와 레무스 형제입니다.

작은 도시국가로 출발한 로마는 엄청난 속도로 발전해 시민들의 수가 기하급수적으로 늘었습니다.

갑자기 나라가 커지자 로물루스 형제의 힘만으로는 나라 전체를 다스릴 수 없게 되었죠.
많아지니 좋기는 한데…
부담스럽네…
우글 우글~
로물루스 형제는 시민들 중 가족을 거느린 가장들 중에서 유능해 보이는 100명을 뽑아서 나랏일의 일부를 맡겼습니다.
여러분은 앞으로 나랏 일을 할겁니다.
하지만 당시는 아직 '정치'라는 개념이 없던 시대였으므로 100명의 가장들에게
나랏 일이요? 그게 뭐죠?
그들의 임무를 알아듣기 쉽게 설명해야 했습니다.
당신들은 모든 로마 시민들을 친아들로 여기고 아버지처럼 다스리라!
알간?
끄덕-
그래서 이들의 명칭이 라틴어 pater에서 비롯된 patrician이 되었습니다.
Pater
Patrician
이 단어는 점차 의미가 변화되어 오늘날의 영어로 '사회 지도층'이 되었답니다.
사회 지도층?
그거 되게 있어 보인다!
나랏일을 맡기로 한 100명의 '아버지들'의 집은 아침부터 대문을 활짝 열어놓고 민원창구 역할을 했습니다.
사회 지도층의 집
자자~ 민원 받습니다! 줄 서세요~!
마을사람들 중, 나라에 요구할 일이 있거나 서로 돈을 빌리고 갚는 과정에서 싸움이 벌어져
내 돈 갚아!
내가 언제!
스톱!
공정한 재판이 필요하거나 위급환자가 발생해 찾아오면 이를 해결해주는 일을 맡았던 것이죠.
나 사회 지도층이 해결해 주겠소!
저거 좀 재수 없다.
그러게.

로마의 시민들은 나라가 뽑은 100명의 아버지들을 선사시대 조상들이 자식이 아버지를 대하던 방식으로 예를 갖추어 깍듯이 대했으므로,
100명
우글~
우글
‹아버지›
민원사항을 들고 찾아온 시민들을 '절하는 사람'을 뜻하는 라틴어 client라고 불렀습니다.
아버지라고 생각해~
꾸벅
Client
하지만 지금은 오히려 '고객'을 뜻하는 단어가 되었죠.
휴대 전화 대리점
Client
안녕하십니까 고객님~
꾸벅
이후 100인 가문의 자손들은 점차 번성해 유럽 귀족 사회의 골격을 이루었습니다.
ROMA
귀족은 아버지로서 평민들을 챙겨주고, 평민은 귀족을 아버지와 같은 충성과 예우로 대하는 'patron-client' 관계는
Patron
Client
로마사회의 기초 윤리이자 사회 질서를 유지하는 뼈대가 되었답니다.
ROMA
Patron
Client
오늘날에도 큰 예술가와 단체를 후원하는 사람들을 patron이라고 하고, 후원하는 행동을 patronage라고 합니다.
후원금
Patron
해외여행을 가면 현지 식당에서 가끔 'Thank you for your patronage' 라는 글이 쓰여 있는 냅킨을 볼 수 있습니다.
Thank you for your patronage.
고객이 음식점에서 돈을 쓰는 것으로 음식점을 후원하고 있으니 감사하다는 의미죠. 우리말로 번역하자면 '자주 찾아주셔서 고맙습니다' 정도입니다.
자주 찾아주셔서 고맙습니다.

의미
3
조국, 나라
유교사상을 지켜온 우리나라 사람들은 자신이 태어나고 자란 나라를 '조국'이라고 부릅니다.
조국
반면에 'pater familias' 문화를 가진 로마인들은 조국을 아버지가 태어난 땅이라는 의미의 라틴어 patria라고 불렀죠.
Patria
그래서 나라와 관련된 중요한 말을 할 때 쓰는 단어마다 patria를 붙였답니다.
예를 들면 외국에서 자기 나라 사람들을 만나면 '같은com' '나라patria' 사람들이라고 해서 compatriot이라고 합니다.
Compatriot
그러나 어머니를 더 중요시했던 고대 그리스 사람들은 자기가 태어난 도시를 어머니, 즉 'mother의 도시'라고 해서 metropolis라고 불렀답니다.
돈 벌려고 외국에 오래 나가 사는 사람들은 나라에서 exit한 사람들이라고 해서 expatriate, 줄여서 expat이라고 하죠.
Expat
요즘에는 옛날보다 해외여행을 하기 쉽고 직업 따라 나라를 옮겨다니는 일도 많아 expat들이 넘쳐나고 있습니다.
나라를 위해 몸과 마음을 다 바친 사람들은 '진정한 나라의 백성'이라는 뜻으로 patriot이라고 합니다.
Patriot

9 게르만어 K가 라틴어 G다

kin → gene

의미 1

가족

kin/gene → kin 친척
kin + men → kinsmen 친척 사람들, 친족
kin → king 부족장/국왕
kind 같은 핏줄, 같은 계급 → 같은 계급과 혈통에서 시작해서 '종류'로 발전

a kind of ~의 일종이다
kind of 대략 ~하다
kinda kind of 의 미국식 도현
generally 대략
genus 생물학에서 '종'을 가리킴

의미 2

친척처럼 대하다, 친절하다

kin → kind(adj.) 친척같이 대하다 → 친절하다
kindly 알맞게, 율법에 맞게 → 예의 바르게, 즐겁게
kindness 친절함, 따뜻함
kindred 원천적으로 연관이 되어 있는

kindred soul 소울메이트
kind + garden → kindergarten 아이들의 정원 → 유치원

의미 3

태어나다, 타고나다

genius 특정 재능을 타고난 사람 → 천재
in + genius → ingenious 천부적이다 → 기발하다
ingenious + or → engineer 천부적인 사람 → 기술자 → 엔지니어
genes 타고난 것 → 유전
genetics 유전공학
genome 유전자

generate 태어나게 하다, 낳다, 만들어내다
re + generate + tion → regeneration 죽었던 생명체가 다시 살아나다
generate + er → generator 발전기
~gene ~을(를) 생기도록 하는 것
ex) carcinogen : 발암물질

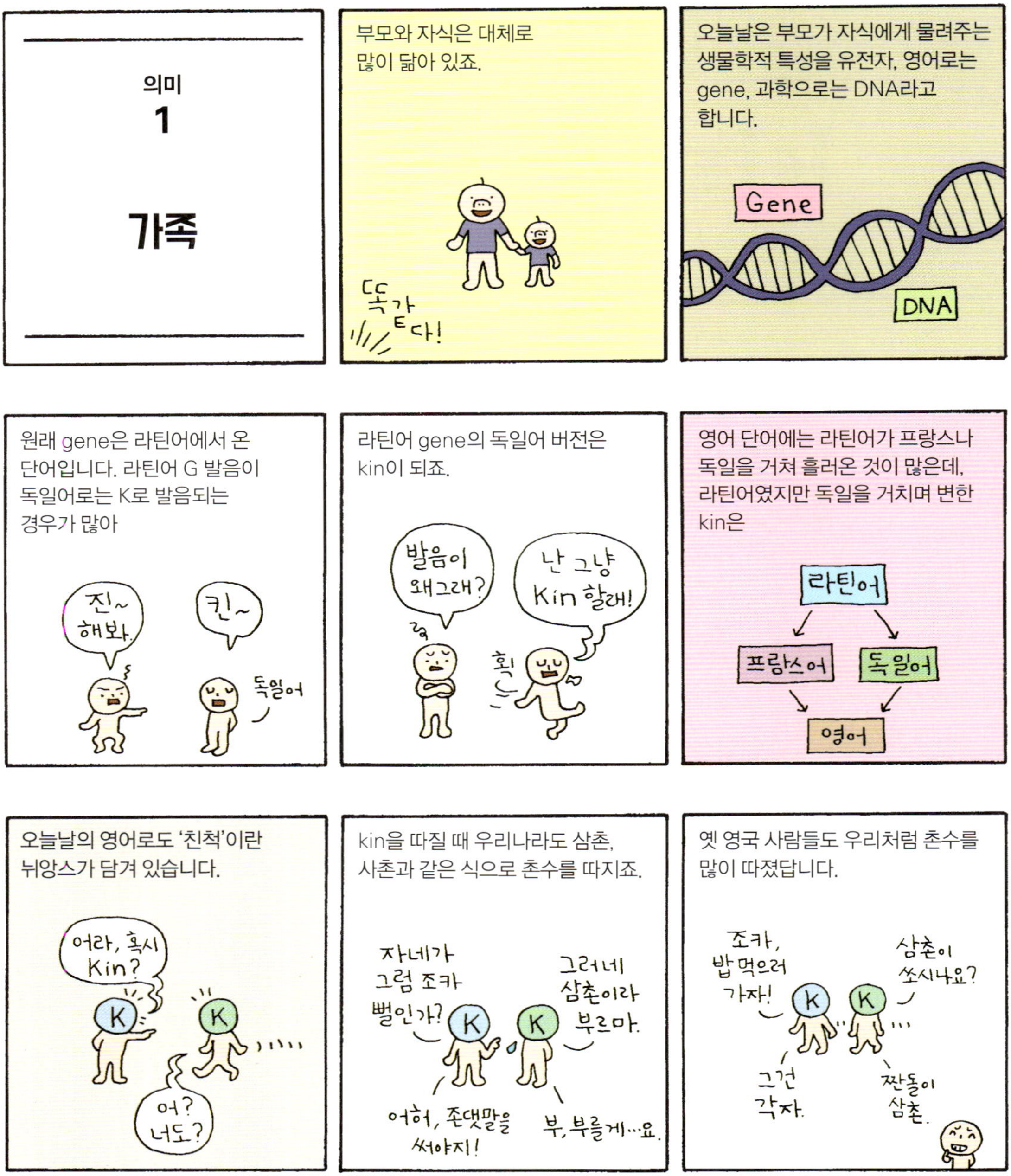
의미
1
가족
부모와 자식은 대체로
많이 닮아 있죠.
똑같다!
오늘날은 부모가 자식에게 물려주는
생물학적 특성을 유전자, 영어로는
gene, 과학으로는 DNA라고
합니다.
Gene
DNA
원래 gene은 라틴어에서 온
단어입니다. 라틴어 G 발음이
독일어로는 K로 발음되는
경우가 많아
진~ 해봐.
킨~
독일어
라틴어 gene의 독일어 버전은
kin이 되죠.
발음이 왜그래?
난 그냥 Kin 할래!
획
영어 단어에는 라틴어가 프랑스나
독일을 거쳐 흘러온 것이 많은데,
라틴어였지만 독일을 거치며 변한
kin은
라틴어
프랑스어
독일어
영어
오늘날의 영어로도 '친척'이란
뉘앙스가 담겨 있습니다.
어라, 혹시 Kin?
K
K
어? 너도?
kin을 따질 때 우리나라도 삼촌,
사촌과 같은 식으로 촌수를 따지죠.
자네가 그럼 조카 뻘인가?
그러네 삼촌이라 부르마.
K
K
어허, 존댓말을 써야지!
부, 부를게…요.
옛 영국 사람들도 우리처럼 촌수를
많이 따졌답니다.
조카, 밥 먹으러 가자!
삼촌이 쏘시나요?
K
K
그건 각자.
짠돌이 삼촌.

특히 추장처럼 아버지의 직위가 높거나 자손에게 물려줄 재산이 많을 경우
에고~ 돈을 다 못 쓰고 죽네 …
유산 상속 순서를 정해야 했으므로 촌수를 따지는 것은 매우 중요한 일이었습니다. 그래서 영국인들은 핏줄이 가까운 순서를 'next of kin'이라고 했죠.
싸우지 말고 next of Kin 순서로 줄서!
또 친인척 사이의 끈끈한 정은 kinship이라고 하고,
끈끈
뭐가 묻었는지 끈끈하네~
요즘 유행하는 〈KINFOLK〉 같은 잡지는 지구촌 모든 사람들이 하나의 거대한 가족,
KINFOLK
또는 folk(동네사람)처럼 한데 모여 사는 사회라는 뜻을 담고 있습니다.
옛 유럽인들은 드문드문 작은 부락을 이루고 끼리끼리 모여 살았습니다.
그래서 kin에다가 g를 하나 붙여 자기 부락을 다스리는 '왕'을 뜻하는 king이란 단어를 만들었습니다.
Kin + g = King
특히 영국은 예전부터 철저한 혈통 중심 사회였습니다.
요즘 우리가 말하는 금수저, 흙수저가 당연시되는, 혈통이 좋으면 태어나면서부터 왕자, 귀족이 되는 사회였던 것이죠.
금수저
흙수저

그래서 태어나면서부터 혈통에 따라 사회 계급, 직업, 결혼 상대 가문,
결혼 상대 가문
직업
사회계급
참전시의 군대 계급까지 거의 모든 사회적 지위가 철저히 정해졌습니다.
바로 여기서 영어 kin에서 파생한 kind가 '종류'를 뜻하게 되었답니다.
Kin + d
영국은 물건을 종류별로 나누는 것을 사람의 계급을 혈통에 따라 나누는 것에 비유했기 때문에
kind가 '종류'를 뜻하게 된 것이죠.
Kind : 종류
Kin + d
Kin : 친척, 친지
"너는 어떤 종류의 옷을 사려고 하니?"라고 물으면
What kind of clothes are you looking for?
"나는 캐주얼 바지를 하나 사려고 해"라그 대답할 것입니다.
I am looking for casual pants.
빤스나 입고 다녀.
한자로도 '종류'의 '종種'은 타고난 혈통과 같은 것, 즉 '종자種子'를 뜻합니다.
Kind = 種
kind는 점차 '계급'으로 의미가 확장되었습니다.
Kind의 뜻
① 종류
② 계급

미국 드라마 〈다운튼 애비〉를 보면 19세기 영국의 귀족 가문 안에서 일어나는 여러 갈등이 나오는데
Downton Abbey
'You are not our kind(너는 우리와 핏줄 종류가 다르다)'
You are not our kind.
즉, '너는 우리와 동등하지 않다'며 귀족들이 남들을 무시하는 장면을 종종 볼 수 있답니다.
귀족
낯선 동물이 불쑥 내 앞에 나타났다고 해보죠. 언뜻 말같이 보이지만 이미 내가 알고 있는 말과는 뭔가 다르게 생겼다면
안녕?
헉, 머리는 말인데…
친구에게 이 상황을 설명하면서 "말의 일종인 것 같은데?"라고 말할 것입니다.
히히힝~
말의 일종?
여기에도 '종種' 자가 들어갑니다. 일종, 즉 한 가지 종류, 직역하면 'a kind of'가 되죠.
달리고 싶다.
a kind of horse
그러니 "Is it a horse?(말이야?)"라고 물으면 "It's a kind of horse(말의 일종인데 → 말 같은데)"라고 대답할 수 있습니다.
Is it horse? 말이야?
It's a kind of horse 말의 일종인데 (말 같은데)
시끄러… 공부 좀 하자!
그래서 'kind of'는 '~인 것 같다'라는 의미로도 발전했음을 알 수 있습니다.
~의 한 종류
~한 것 같다.
특히 십대들이 부모의 질문에 솔직하게 대답하기 곤란할 때 회피적 표현으로 'kind of'를 사용하는 경우도 많답니다.
Kind of water…

kin은 독일계, gene은 라틴계이기 때문에 kind의 라틴어식 단어는 genus입니다.
독일계
라틴계
Kin = Gene
Kind = Genus
라틴어 표현은 영어에서 대부분 어려운 전문용어로 많이 남아 있습니다. 이 단어도 처음에는 생물학 전문용어로만 쓰였죠.
Genus
어려우니까 생물학 쪽에서 다루기로
'kind of'가 '대략'이라는 뜻인 것처럼 영어로 general 역시 원래는 '대략'을 뜻했는데,
이건 무슨 도형이지?
대략... 사각형인 거 같은데?
지금은 '많은 종류를 포함하다'로도 쓰입니다.
그럼 여기다 두면 되겠다.
그래서 보병, 기마병, 포병 등등 여러 종류의 군인들을 모두 지휘하는 군대 지휘관을
프랑스에서 '보편적 수장', 즉 'Capitaine Général'이라고 불렀는데,
영어로 들어오면서 장군을 뜻하는 'General'로 변했습니다.
'generally speaking'은 '정확히는 아니고 대략 말해서'라는 뜻이고,
'general concern'은 '모든 사람들이 다 걱정하는 보편적인 일'을 뜻합니다.

의미
2
친척처럼 대하다, 친절하다
kind는 좋은 뜻으로도 쓰이고 나쁜 뜻으로도 쓰입니다. our kind는 우리와 같은 '과'라는 뜻이죠.
"You are my kind of guy!"는 "너는 나랑 과가 같다", 즉 우리는 공통점이 많으니 친하게 지낼 수 있겠다는 뜻입니다.
둘 다 못생겼으니까!
조금 다른 느낌으로 "I am not the marrying kind"는 나는 결혼을 할 그런 사람이 아니다, "평생 싱글로 살 '부류'다"라고 할 때 쓸 수 있는 표현이죠.
평생 싱글로 산다. I am not the marrying kind.
"Oh, those kind…"라고 하면 "아, 나 저런 부류 정말 싫어" "내가 정말 싫어하는 '종족'들이야"라는 의미입니다.
혈육, 즉 kin끼리는 호의를 가지고 서로 돕고 삽니다. 그래서 kind는 점차 '가족적인 감정'도 뜻하게 되었습니다.
엉엉~ 장가 못가도-
우리끼리 가족처럼 살자~
가족끼리는 보통 이익을 따지지 않고 서로 돕기 때문에 지금의 영어로 kind가 형용사로 쓰이면서 남의 일도 내 가족의 일처럼
발벗고 나서서 돕는다, 즉 '친절하다'라는 의미가 된 것입니다.
만세~
명사형인 kindness는 '친절' 또는 '따뜻함'을 의미합니다. kind는 이런 식으로 의미가 진화하다가
지들끼리 훈훈하구만-

'친절하다'라는 의미로까지 쓰이게 되었답니다. 오늘날 'Would you be so kind as to ~'는
젊은이 이것 좀…
아주 예의바른 표현으로 '~ 좀 해주실 수 있습니까?'라는 뜻으로 사용됩니다.
고맙네…
'He's a kind man'은 '그는 나를 친절하게 대해주었다'를 의미하죠.
He's a Kind man!
kindred는 '핏줄로 이어진'을 뜻합니다. 원천적인 '관계가 있다'는 말이죠.
Kindred
이미 설명했듯 원래 kin과 gene은 다른 모습을 한 같은 뜻의 단어로 우리말로 하면 동의어 관계인데
Kin = Gene
이 두 단어의 관계를 'kindred words'라고 표현할 수 있습니다.
Kin = Gene
Kindred words
kindred가 일상대화에서 가장 많이 쓰이는 경우는 바로
'kindred soul'입니다. 원천적인 연관성이 있는 두 영혼,
Kindred Soul
바로 '소울메이트'를 뜻하죠.
Kindred Soul

19세기 말, 독일에 프뢰벨이라는 훌륭한 아동학자가 있었습니다.
접니다.
Friedrich Fröbel
1782 ~ 1852
당시 유럽의 어른들은 어린아이들을 잔인하게 다뤘습니다. 어린아이는 아직 인간이 되지 못한 동물 같은 존재이기 때문에
=
=
엄하게 때려서 교육을 시켜야만 사람답게 큰다는 원시적인 생각이 강했죠.
인간 만드는 중이다!
이런 교육방식을 믿고 따랐던 유럽의 많은 부모들이 자식들을 마구 때려서
엄하게 가르치거나 길거리에 멋대로 풀어놓은 뒤 죽을 놈은 죽고 살 놈은 알아서 살도록 했습니다.
일제강점기, 우리나라에도 어린아이들을 짐승 다루듯 하는 어른들이 있었죠.
그래서 방정환 선생이 아이들을 일 년에 단 하루만이라도 쉬게 해주려고
아이들을 위해 뭔가 해야…
방정환 1899 ~ 1931
어린이날을 만들고 어린이 인권 보호를 위해 많은 일을 했습니다.
같은 시대 독일의 아동학자였던 프뢰벨은 식물을 기르듯 아이들도 잘 보살피고 길러주면

아이의 타고난 재능을 미리 찾아낼 수 있어 이것을 갈고 닦아 사회에 꼭 필요한 인물로 만들 수 있다는 이론을 폈습니다.
프로벨이 직접 유아교육기관을 만든 뒤 자신의 철학대로 교육을 시켜 많은 인재를 양성하자.
프뢰벨의 유치원
독일의 부모들이 자신의 아이를 대하는 태도가 조금씩 바뀌기 시작했답니다.
우리들은 자라안다~
프뢰벨의 유치원
우리들 세상~
오호~ 효과가 있는데?
독일에서는 자식이 부모의 핏줄을 물려받기 때문에 아이를 kinder라고 했습니다. 따라서 '아이들을 기르는 정원'은 kindergarten이 되었죠.
이 kindergarten은 아이들에게 감성과 지식의 물을 주어 쑥쑥 자라게 해주는 정원, 바로 '유치원'이라는 뜻으로 발전했습니다.
미국 최초의 유치원은 Peabody라는 곳입니다. 보스턴의 사회계 인사였던 엘리자베스 피보디가
독일에 가서 프뢰벨의 유치원을 보고 큰 감동을 받아 미국에 돌아온 뒤 그와 비슷한 방식의 유치원을 세웠습니다. 오늘날까지도 'Peabody Institute'는
프뢰벨의 유치원
미국에도 저런 유치원이 있었으면...
유아교육의 최고기관 중 하나로 꼽히죠. 어쨌든 엘리자베스 피보디는 프뢰벨을 너무나 존경한 나머지 그의 철학이 담긴 유아교육시설의 이름을 영어식으로 바꾸지 않고 그대로 미국으로 들여왔습니다.
그래서 '유치원'을 뜻하는 영어가 kindredgarden이 아닌 kindergarten이 된 것이랍니다.
NO!
Kindergarten
여사님, Kindred garden이 좋지 않을까요?
나인! Kinder garten으로 해요!

의미
3
태어나다,
타고나다
우리나라에서도 아버지와 아들이 비슷한 행동을 하면 '유전자는 못 속여'라는 말을 종종 하죠.
더러-
미국 사람들도 'Genes don't lie'라는 표현을 즐겨 씁니다.
Genes don't lie!
아빠 저거 욕 아냐?
칭찬이다.
가족은 서로 닮기 마련이므로 고대부터 서양 사람들은 특별한 재능도 유전된다고 생각했습니다.
올림픽 나가도 되겠…
낑-
낑-
그래서 '가문' 또는 '태어나다'라는 뜻의 genus에서 '천재'를 뜻하는 genius가 파생되었죠.
Genus
Genius
한국인들은 대체로 타고난 재능보다 후천적 노력을 더 중요시하기 때문에
이제 공부해라.
네.
부모들은 자신의 아이가 국·영·수 주요 과목 중 한 과목의 성적이 부진하면
너 수학 점수가 왜 그 따위?
수학 시간에도 코만 파는 거?
평균 점수를 높이기 위해 부진한 과목에 대해 과외를 시킵니다.
코 좀 고만 파!
새로운 수학 과외 선생님
하지만 서양의 부모들은 성적이나 능력이 대부분 유전으로 결정된다고 믿어
너 수학 점수가 왜 그 따위니?
날 닮았구나!

여러 과목 중 아이가 잘하는 과목이 있으면 거기에 타고난 재능이 있다고 보고
근데 미술은 잘 하네?
날 닮아서 ......
오히려 잘하는 과목을 더 많이 공부할 수 있도록 특별 교육 프로그램에 보내 그 분야에서 최고가 될 수 있도록 도와줍니다.
우리도 맥가이버처럼 급박한 상황에서 톡톡 튀는 재치 있는 아이디어로 문제를 해결하는 사람을 보면 '저 사람 아주 타고났다'라고 말하는데
저 사람 아주 타고 났어!
김병만
이런 특출한 재능, 즉 genius를 타고난 것을 ingenious라고 했습니다.
아빠 나 성공했쪄!
Ingenious 한 내 아들!
오늘날 이 단어는 '창의적이다' '독창적이다'를 뜻하며, 감탄사로 쓰면 '어떻게 그런 생각을!'이란 의미로 사용됩니다.
아빠 나 수학 공부 안 할래! 대학 안 갈 거니까!
Ingeni-ous!
옛날부터 사람들은 신기한 물건을 만드는 발명가들을 보면 ingenious 하다고 생각했습니다.
밥솥을 만들자!
오!
그래서 이들을 ingenious한 사람(~er), 즉 engineer라고 발음했답니다.
밥솥 성공!
Engineer!
또 이 사람들이 만든 복잡하고 대단한 일을 척척 해주는 기계를 engine이라고 부르게 되었죠.
Engine!
밥솥 이라니까.
요즘 사람들은 engine을 '원동기'의 한 종류로만 여기지만

중세 유럽을 배경으로 한 전쟁 영화를 보면 적이 침입하지 못하도록 높고 탄탄히 쌓은 성 안으로 쳐들어가기 위해
용용 죽겠지~
저것들이?
사용하는 공성탑 같은 것도 'siege engine'이라고 부릅니다.
두두두…
공성탑을 가져와라!
!
헉-
지금은 전문 엔지니어가 만들어 일반인들은 너무 복잡한 나머지 이해할 수 없는 기계를 engine이라고 부르죠.
?
신 발명품
그런 물건을 두고 "What is this engine?"
What is this …… engine?
신 발명품
이라고 하면 '이 기괴한 것은 어디에 쓰는 물건인지?' 같은
엔진이 아니고…
신 발명품
살짝 비꼬는 의미가 되기도 한답니다.
밥솥이라네!
신 발명품
저는 그런 엔진을 말한게 아니라…

10 넝쿨과 와인 vine

라틴어에는 'V'가 없었다.

고대 라틴어에는 물론, 여기서 뻗어 나온 초기 영어 알파벳에도 'V'가 없었다. 'V' 대신 사용한 알파벳은 'U'다. 예를 들어 'vine'을 'uino'라고 쓰는 식이었다. 그래서 사람들은 저마다 이 소리를 'V'로 발음하거나 'U'로 발음했다. 그 때문에 넝쿨, 즉 'vine'에서 나온 술이 'wine'이 되었다.

의미 1 넝쿨

vine 넝쿨

vine → wine 포도주

winery 포도농장

wind 휘감다

rewind 되감기

의미 2 와인 추출물

wine = vino

vino + yl → vinyl 와인 추출물로 만든 플라스틱, PVC

vinyl record CD가 나오기 전의 바이닐(비닐)코팅을 한 흑색 음반. 다만 한국에서 'vinyl bag'이라고 부르는 것은 소위 말하는 콩글리시, 영어로는 'plastic bag'이다

vin + aigre(시다) : vinegar 신맛 나는 와인 → 식초

vinegar + ette → vinaigrette 식초와 올리브기름을 섞은 샐러드 소스

의미 3 와인에서 나온 문화

wine + logos(논하다) → oenology 와인의 품종, 마시는 방법, 식별법 공부

wine + Philos(좋아하다) → oenophile 와인을 좋아하는 사람

vintage 와인 수확시기 → 오래될수록 더 좋아지는 것 → 수집가치가 높은 중고품

의미
1
넝쿨
요즘 wine이라는 단어를 모르는 사람은 없겠죠?
재가 wine 좀 합니다. 흐흐
포도주라고도 불리는 와인의 생산지로는 대개 프랑스를 먼저, 그 다음으로 이탈리아, 칠레를 떠올릴 것입니다.
프랑스
이탈리아
칠레
그런데 원래 와인은 지금의 이란인 고대 페르시아에서 발명되었답니다.
흥! 원조는 나다!
고대 페르시아
페르시아에서 발명되었다는 전설에 나온 이 와인이라는 단어가 가지치기를 해서 생겨난 단어들을 만나볼까요?
지금의 이란 땅에는 고대 페르시아 대제국이 있었습니다.
흑해
카스피해
지중해
페르시아 제국
페르시아만
홍해
크지? ㅋㅋ
이 페르시아에는 '잠시드'라는 왕이 있었죠. 잠시드 왕은 외모가 무척 출중해 여자들이 줄줄 따를 정도였습니다.
오! 잠시드시여!
오냐.
잠시드!
잠시드!
왕의 인기가 워낙 높다 보니 그가 거느린 후궁들도 수없이 많았습니다. 그러나 왕이 특별히 좋아한 후궁은 딱 한 명뿐이었죠.
이쁘지?
예? 아 예…
쳇-
왕과 이 후궁은 사이가 너무 좋았던 나머지 종종 티격태격하며 애정 싸움을 벌이기도 했답니다.
오냐 오냐 했더니 무엄하도다!
왕인데 잘 생기면 반칙!

그러다가 하루는 둘 사이에 제법 큰 싸움이 벌어졌습니다. 당시 세계 최강대국이었던 페르시아의 국왕인 데다 잘생기기까지 한 잠시드 왕은
무엄하다! 감히 예쁜 주제에 말도 잘해?
내가 팔방미인이라 미안!
총애하는 후궁이 감히 자기에게 말대꾸를 하고 대드는 것을 용서하지 못해
용서 못해! 무엄하게 예쁜데 말도 잘하는 너!
심하게 화를 내더니 결국 후궁을 궁전에서 내쫓으라는 명을 내렸죠.
당장 추방이다!
네?
후궁은 아름답고 멋진 궁전에서 부귀영화를 누린 데다
자, 가시죠.
멍-
여러 후궁들을 물리치고 혼자 잘생긴 왕의 사랑까지 듬뿍 받고 살다가
비틀-
비틀-
죄인은 똑바로 걸어라!
하루아침에 가난한 고향 집으로 쫓겨나 살 생각을 하니 눈앞이 캄캄해졌습니다.
캄-
캄-
제 정신이 아닌듯.
으흐흐흐 흐흑-
궁전에서 내쫓기느니 차라리 스스로 목숨을 끊는 것이 낫다고 생각했죠.
야! 어디가? 문은 이쪽이야!
쌩~
아흐흐흑-
후궁은 스스로 목숨을 끊을 수 있는 도구를 찾아보려고 궁전 주방으로 달려갔습니다.
관계자 외 출입금지
주방
흐흑-
궁전 주방에 들어가니 '썩은 음식이니 절대 먹지 마시오'라는 경고문이 붙은 항아리 하나가 눈에 들어왔습니다.
그래! 저거다!
썩은 음식이니 절대로 먹지 마시오

후궁은 항아리에 든 썩은 음식을
먹으면 치명적인 병에 걸려 죽게 될
거라고 믿으며
내가 이런 식으로 죽으면 ……
'내가 이렇게 죽게 되면
천하의 잠시드 왕도 나를 내친 것을
후회하겠지'라고 생각했습니다.
어우~ 냄새~
번쩍-
그리고 거침없이 항아리에 담긴
썩은 음식물에서 나온 물을
벌컥벌컥 들이켰습니다.
에잇-
꿀꺽- 꿀꺽-
그런데 이상하게도 그 맛이
달콤하고, 마시고 나니 죽기는커녕
흥이 나고 기분까지 좋아졌죠.
어라라라~
비틀~
비틀~
썩은 물을 먹고 정신이 알딸딸해진
후궁은 왕에게 쫓겨났던 사실도 잊고
저기 있다!
근데 쟤 왜저래?
이히히히
아 깜빡 했당!
드디어 실성을 했나 봐!
항아리를 통째로 들고 잠시드 왕에게
달려가 당장 마셔보라고 권했답니다.
어어… 자, 잡아!
이 사실을 잠시드 왕께 알려야지!
쌩~
잠시드 왕도 후궁의 얼굴을 보자
일단 반가운 마음에 그녀가 권하는
것을 조금 먹어보았죠.
이거 진짜 짱이야!
그래? 어디 그럼…
썩은 음식에서 나왔다는 그 물의
맛은 오묘했고, 마시고 나니 기분도
붕 뜬 것처럼 좋아졌습니다.
만취
오옷! 이 맛은?
잠시드 왕은 즉각 요리사를 불러
그 항아리 속 음식물의 정체를
물었습니다.
이것의 레시피를 알고 싶노라!
비틀
비틀

요리사는 요리하고 남은
포도찌꺼기를 넣어둔 것이니
자 이건 분리수거~
아마도 포도가 썩은 물일 것이라고
대답했습니다.
푸쉬익~
익는 소리
※ 와인 탄생!
고대 페르시아인들은 이렇게 해서
와인이 발명되었다고 주장하고 있죠.
봤지? 우리가 원조다!
원조? 할머니 보쌈집이냐…
고무줄이 발명되기 한참 전
팬티가 안 흘러내리게 할 방법이 없을까?
사람들은 탄력이 강해서 감았다
풀면 큰 힘이 나오는 넝쿨나무
줄기를 이용했습니다.
이걸 써봐!
앗! 그건 넝쿨 줄기?
아주 탄력이 강해서 쓸 데가 많아!
그 힘을 이용하면 여러 편리한
도구들을 만들 수 있었습니다.
화가가 되기 전 엔지니어로 일했던
레오나르도 다빈치,
누가 디카프리오래!
Leonardo da Vinci 1452~1519
그가 그린 스케치에는 고무줄처럼
감겼다가 풀리는 넝쿨의 힘을
이용해
휘리릭~
호!
큰 돌을 적의 성벽 안으로 던져
공격하는 투석기라는 무기도 있었죠.
덩쿨
돌
짜잔~
(투석기)
넝쿨의 쓰임새가 이처럼
다양해지면서 넝쿨과 관련 있는
'감다', 즉 wind가 여기서
파생했다는 것을 알 수 있습니다.
Vine → Wine
wind
응애~
응애~

wind는 그냥 슬슬 감기는 것이 아니라 넝쿨처럼 '칙칙 휘감기는 상태'를 말합니다.
그래서 'Somebody is wound up'이라고 하면 '그 사람은 툭 치면
…
너 왜그래?
팽팽하게 감겼던 넝쿨이 갑자기 풀어질 것 같은 초긴장 상태다'라는 뜻이 되죠.
쟤 건드리지마.
폭발 직전
삼일째 화장실을 못가서…
오늘날 집에서 영화를 볼 때는 대부분 컴퓨터로 보지만 1990년대까지만 해도 대여점에서
아줌마 새로 나온거 있어요?
대여
비디오, 만화
람보4
누구를 위해
비디오테이프를 빌려다가 TV에 장착된 VCR 기기를 통해 영화를 보았습니다.
오- 예-
이때 지나간 장면을 다시 보고 싶으면 반드시 테이프를 거꾸로 '되감아야' 했는데
방금 그 장면 다시 보자!
O.K!
여기서 '되감다'라는 의미의 단어 rewind가 나왔죠.
Rewind
지금은 디지털 기술의 발달로 비디오테이프를 거의 사용하지 않지만
?
뭐에 쓰는 물건이지?
VHS Tape
여전히 rewind라는 영어 단어는 '되감다'라는 뜻으로 쓰인답니다.
Rewind 좀 해봐!
O.K!

의미
2
와인 추출물
wine이라는 단어에서 와인 추출물의 이름들도 파생했습니다. 와인 추출물의 여러 이름들은
WINE
유럽인들의 아메리카 대륙 발견과 관계가 깊습니다.
신 대륙이다!
아닌데?
유럽인들이 신대륙이라고 생각했던 아메리카를 발견한 후로 많은 유럽인들이 그곳으로 건너가 큰돈을 벌었습니다.
돈 벌러 신대륙으로~!!
헉!
그런데 그곳에 미개인들만 살고 있을 거라고 생각한 유럽인들은
우리가 한수 가르쳐 주자고!
ㅋㅋㅋ
아마존 원주민들이 고무를 생산하는 기술을 보고 깜짝 놀랐죠.
엥? 뭐 하는 거지?
나무에서 흰 즙이 나오는데? 먹는 건가?
당시의 남아메리카에는 지금의 멕시코시티에 있던 아즈텍인들이 문명국가를 이루고 살고 있었습니다.
유럽인들은 아즈텍인들이 지금의 축구와 비슷한 운동 경기를 하며 노는 모습에 더 크게 놀랐는데
저게 뭐지?
동그란게 살아있나봐!
놀이에 사용되는 고무공의 탄력과 스피드가 장난이 아니었기 때문이죠.
딩!
으아!
사람살려!

아즈텍인들은 오래전부터 아마존 숲 속에서 자라는 높이 30미터가 훌쩍 넘는 거대한 고무나무 껍질을
마샤테라는 칼로 탁탁 쳐서 여기서 나오는 끈끈한 즙을 받아 굳힌 천연고무로
공은 물론 여러 문명의 이기를 만들어 사용하고 있었던 것입니다.
우와! 첨단 소재다!
대박!
유럽에서 아메리카로 건너간 사업가들 중에는 고무의 다양한 가치를 발견하고 고무 사업을 벌이는 사람들도 있었습니다.
천연 고무
더 많이!
이 사람들은 아메리카에서 펑펑 나오는 천연고무를 유럽으로 수출해 아주 큰돈을 벌었죠.
이제 난 부자닷!
유럽
유럽은 1830년 경부터 산업혁명의 절정기를 맞아 수많은 공장이 생겨 많은 양의 고무를 필요로 하던 때였습니다.
고무는 방수가 잘 되고 탄력도 좋아 공장의 바닥 깔개부터, 광부들의 부츠,
장갑 등 산업 현장 곳곳에 사용되면서 유럽에 공장 수가 늘어나는 만큼 고무 주문량도 기하급수적으로 늘었답니다.
고무, 고무가 더 필요해!
우리에게 고무를 달라!
일찍이 신대륙에 진출한 고무 사업가들 가운데 굿이어 가문은 유럽의 산업혁명 절정기에
찰스 굿이어
1800 ~1860

미국에서 유럽으로 엄청난 양의 고무를 수출해 거부가 되었습니다. 그 명성은 지금까지도 이어져
고무하면 굿이어 고무!
미국
정말?
유럽
그들이 만든 자동차 타이어 회사인 굿이어 타이어는 큰 부와 명성을 누리고 있습니다.
GOODYEAR
그런데 1920년대에 자동차 대량생산 시대가 열리면서 고무의 수요가 급증했는데, 오히려 굿이어 회사는 큰 위기를 맞게 되었죠.
경쟁사인 프랑스의 미쉐린 고무회사가 급성장했기 때문입니다.
고무하면 ……
미쉐린 고무도 있어요!
미국
유럽
당시 미국은 헨리 포드가 자동차 대량 생산에 성공해 자동차 붐이 일던 시기였습니다.
첨단 자동차 완성!
헨리 포드 1863~1947
자동차의 대량 생산에는 반드시 타이어 대량 생산이 뒤따라야 하죠.
첨단 자동차 100대를 만들 예정인데요,
타이어를 왕창 주문 하려고요!
헨리 포드 자동차
그런데 타이어의 원자재인 고무는 나무에서 빼내는 자연물로 한순간에 대량으로 생산하기가 불가능했습니다.
첨단 뭐?
뭘 만든다고?
고무나무 껍질에 흠집을 내 하루 종일 고무 즙을 받는다고 해도
왕창 주문 한다니깐!
헉- 헉-
나무 한 그루당 고무 즙 한 통 정도밖에 나오지 않았죠.
불가능해요!

게다가 고무나무 묘목을 더 많이 심더라도 약 6년은 지나야 즙을 뽑아낼 수 있을 정도가 됩니다.
고무즙을…
거 사람 참…
그런데 이때 프랑스의 고무 사업가 미쉐린은 당시 프랑스의 식민지였던 베트남에 이미 엄청난 양의 고무 묘목을 심고
이히힛!
현지인들을 잔혹하게 부려서 고무의 대량 생산 준비를 갖추어둔 상태였답니다.
더 빨리!
더 많이!
굿이어는 자칫하면 같은 미국 회사인 포드 자동차에 대한 엄청난 양의 타이어 납품권을
저, 혹시 타이어를…
어섭쇼!
어, 어…
프랑스 회사인 미쉐린 쪽으로 빼앗길 위기에 처하게 되었습니다.
이제 끝인가?
굿이어
하지만 행운의 여신은 굿이어를 외면하지 않았습니다.
사장님 제가 뭘 좀 만들었는데요…
어, 왈도, 뭔가?
굿이어
굿이어 연구소에서 일하던 왈도 세몬이라는 과학자가 와인에서 고무 성분을 추출하는 새로운 기술을 발명해
와인 한 잔 하다가 새로운 기술을…
그것을 고무 대용품으로 삼아 타이어를 대량으로 생산하는 방법을 찾아낸 것입니다.
뭐야?
굿이어
와인으로 타이어를 만들었어?
와인에는 사람들을 취하게 만드는 에틸렌이라는 성분이 들어 있습니다.
으어 취한다!
누구지?

과학자들은 이미 오래 전부터 에틸렌이 사람들을 술에 취하게 만드는 에틸알코올의 주성분이기 때문에
H H
H – C – C – O – H
H H
이것을 와인에서 나왔다는 뜻으로 'vinyl 성분'이라고 부르고 있었습니다.
wine
vinyl성분
레코드도 vinyl인데!
굿이어 회사의 연구소 소속 과학자이던 왈도 세몬은 수많은 연구 끝에 이 바이닐(비닐) 성분을 소금과 섞으면
소금 간을 조금 하면~
점점 굳으면서 고무와 탄력이 같고 고무만큼 방수도 잘 되는 물질이 만들어진다는 것을 알아냈습니다.
유레카!
펑-
이 물질의 화학적 이름은 '바이닐', 정확히는 소금과 와인에서 나온 여러 분자가 붙었다고 해서 'Poly-Vinyl Chloride',
H Cl
C – C
H H n
즉 'PVC'라고 합니다. 하지만 소비자들은 이런 재미없는 이름에는 관심이 없었죠.
제가 PVC를 만든 과학자입니다!
그래서 어쩌라고?
그래서 마케팅 전문가들은 이 단어의 앞뒤를 떼어내고 vinyl(바이닐)이라고 부르기 시작했습니다.
그러니까 이분이 vinyl을 만든 분.
아~ 그 비닐!
비닐 봉다리
오늘날에는 와인뿐만 아니라 석유 등 다양한 물질에서
히힛-
바이닐을 대량으로 뽑아낼 수 있는 기술이 많이 개발되었답니다.
vinyl
다 틀렸어! '비닐'이라고!
비넬!
비닐!
비니루!

문화 독해력 포인트

PVC는 디지털 기술이 나오기 전까지 음반의 소재로도 쓰였다. 전축과 레코드가 사용되던 시절에는 음반 원자재가 대부분 거친 왁스나 플라스틱이어서 자칫 손상을 입으면 소리 재생이 잘 안 되는 경우가 많았다. 음반 회사들은 1950년대부터 이 문제를 해결하기 위한 방법을 찾아 나섰다. 노력의 결과, 완성된 레코드판 위에 액체 바이닐을 뿌려 레코드판을 보호해 손상을 줄여주면서 윤기도 나게 하는 코팅 기술이 발명되었다. 이후로 레코드의 손상이 크게 줄었고, 판을 돌리는 바늘이 전보다 훨씬 잘 미끄러져 음질 또한 많이 개선되었다. 이로 인해 일반인들도 레코드판을 구입해 집에서 대중음악을 즐길 수 있는 시대가 열렸다. 그 덕분에 엘비스 프레슬리, 비틀즈 같은 스타 가수들이 탄생할 수 있었다. 지금은 CD나 MP3와 구분하려고 옛날식 까만 레코드판을 '**Vinyl Record**'라고 부른다. 이제 '**Vinyl Record**'는 낡은 옛 기술이 되어 CD에 비해 음질이 떨어지고 보관이나 다루기도 힘든 탓에 점점 사라지고 있지만, 추억의 물건을 파는 빈티지 숍을 뒤져가며 바이닐 레코드판을 수집하는 사람들은 여전히 많다.

vintage는 와인이 오래되었다는 것을 표현하는 단어입니다.
vintage 와인입니다.
오옷!
오래 보관된 와인은 관리가 까다롭죠. 와인의 주재료가 과일인 포도이기 때문에
온도, 습도 등 까다로와요!
보관 중에 공기가 조금만 들어가도 너무 일찍 발효가 돼 아예 마실 수 없을 정도로 변해버립니다.
그럼~ 어디…
공기가 들어가 맛이 변한 와인을 마시면 입안을 깨물리는 듯한 독한 신맛이 납니다.
헉-
푸앗! 맛이 왜 이래?
이처럼 독한 신맛을 내는 못쓰게 된 와인을 뜻하는 단어는 'wine + acro → vinacro → vinaigre'를 거쳐
wine
+
acro
vinacro
Vinaigre
식초를 뜻하는 'vinegar'가 되었답니다.
vinegar
식당 같은 곳에서 와인 테이스팅할 때 '와인 맛이 상했다'를 'It's vinegar'라고 말하는데
It's vinegar.
이것은 비유법이 아니라, 말 그대로 와인이 보관 잘못으로 발효가 앞당겨져 식초로 변했다는 말입니다.
어휴~ 너무 값네!
그래서 교황 요한 22세는 이런 말을 남겼습니다.
사람은 나이를 먹으면 와인처럼 숙성하지만, 간혹 식초로 변하는 놈들도 있지.
아…

식초 중에는 원래의 식초를 말하는 단어 'vinegar'에 '작다'를 의미하는 접미사 'ette'를 붙인 '작은 식초'도 있습니다.

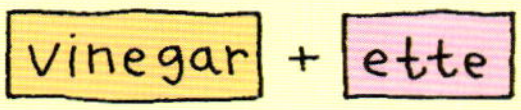

영어로는 'vinaigrette'라고 하죠. 이것은 주로 발사믹 식초에 올리브오일을 섞어서 만든 샐러드용 소스를 뜻합니다.

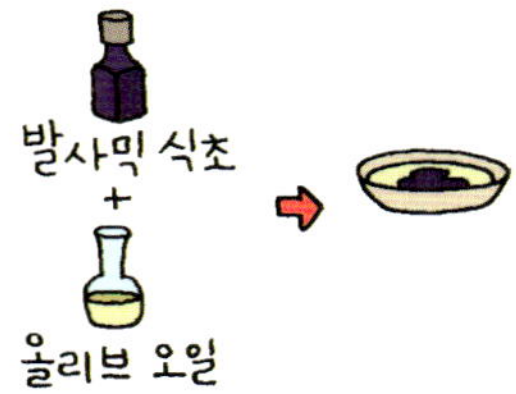

외국 음식점에서 샐러드를 주문하면 웨이터가 'And dressing for your salad?'라고 질문하는 경우가 많습니다.

이때 'vinaigrette'라고 대답하면 오일과 발사믹 식초를 가져다줍니다.

의미 3

와인에서 나온 문화

vinyl처럼 vintage도 와인에서 나온 단어입니다. 이것을 분해해보면 'vin + tage'가 됩니다.

왜 이런 단어가 와인에서 나왔을까요?

프랑스에서 가장 잘 알려진 와인 생산지는 보르도라는 곳입니다. 이곳은 오랫동안 영국의 영토였죠.

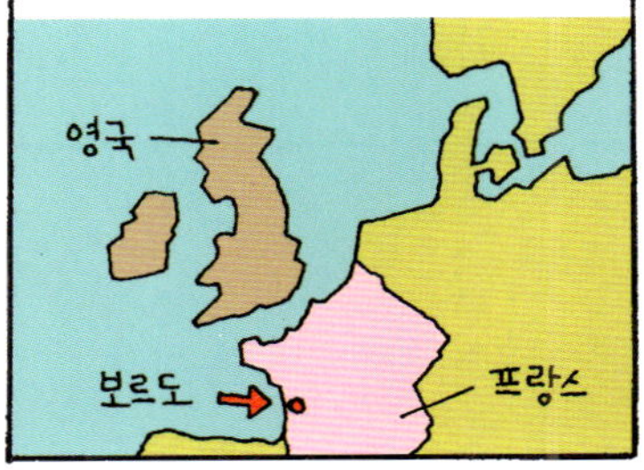

그래서 과거 이곳에서 생산된 와인은 몽땅 영국 왕실이 가져갔습니다. 예로부터 영국 귀족들은 세계적으로도 유명한 술꾼들이었답니다.

물론 그렇다고 해서 프랑스가 손해만 본 것은 아닙니다. 나중에 이 땅은 프랑스로 되돌아갔기 때문이죠.
우린 간다!
야호! 이젠 우리 술?
이때부터 프랑스에서는 보르도에서 생산된 와인이 몽땅 영국 왕실로 보내진 히스토리를 내세워
이것이 무슨 술이냐?
여러분은 혹시 영국이란 나라를 아십니까?
와글~
와글~
보르도를 세계적인 와인 명소로 알릴 수 있었습니다. 그 덕분에 지금도 보르도 하면
영국의 '주정뱅이'들이 제일 좋아하던~
영국 왕실 공식 지정주!
씨-
많은 사람들이 세계에서 가장 고급스러운 와인을 생산하는 명소로 알고 있답니다.
보르도? 거기 와인 생산지?
와인 하면 프랑스 보르도!
보르도에서 생산된 와인의 브랜드 가치는 크게 높아져 지금도 프랑스 보르도에는 부유한 와인 농장주들이 많습니다.
대대로 와인을 팔아~
부자가 되었죠! ㅋㅋ
그러나 그런 부자 농부들도 매년 포도 수확철인 10월이 오면 불안을 느끼지 않을 수 없었죠.
8月
9月
10月
매년 10월이면 1년간 지은 포도 농사를 결산하는데 결과가 좋아야 와인을 잘 팔 수 있기 때문입니다.
비가 많이 내려서 걱정이야.
싱거우면 어쩌지?
조마
조마
조마
한 해 포도 농사만 망쳐도 보르도에서 나는 와인 전체에 대한 이미지가 나빠져 와인 판매가 급격히 줄고
무슨 보르도 와인이 이래?
맛있다는 거 뻥이었어!
한번 이미지가 추락하면 그것을 회복할 때까지 한두 해만으로는 충분하지 않았죠.
이미지 추락
오 마이~

점차 와인 농장주들은 와인 품질관리를 잘하는 것이 전반적인 와인 판매에 큰 영향을 미친다는 사실을 깨닫고
영차 -
영차-
매년 와인 소비자들이 직접 그 해에 수확한 포도의 품질이 좋은지 나쁜지 알 수 있도록
영차-
영차-
포도주 병마다 붙이는 상표에 원재료인 포도를 수확한 해를 표시했습니다.
1996
2002
2016
그 결과 포도가 흉작인 해와 풍작인 해에 따라 적절하게 가격을 조정해서
올해는 맛이 그저 그러니 조금 깎아주자.
그래도 재작년 보단 나아!
안정적으로 와인을 판매할 수 있게 되었습니다. 이렇게 와인 생산년도가 표시된 상표를 vintage(빈티지)라고 하죠.
2016
그 후로 와인을 사거나 마시는 사람들은 '올해의 vintage가 좋다' '좋지 않다'라고 말하게 되었답니다.
올해 빈티지 좋군!
야, 그거 소주야.
와인의 빈티지는 '1830년 빈티지' '1831년 빈티지'와 같은 식으로 매년 포도 수확과 와인을 담근 시기를 알려줍니다.
역시 술중의 최고는 빈티지 와인이야!
딸꾹!
그거 소주라니까.
즉, 포도 수확 연도를 빈티지라고 하는 것입니다. 그런데 와인은 오래 될수록 맛이 깊어지는 특성이 있어 돈 많고 와인 맛을 잘 아는 부유층일수록 오래된 빈티지를 찾았습니다.
손님, 취하셨어요…
조선시대 빈티지 주세요!
이 때문에 와인은 오래된 것이 좋다는 선입견이 생기면서 '빈티지'라는 단어도 의미가 확장돼 '추억이 담긴 옛것 모두'를 뜻하게 되었죠.
빈티지!
빈티지!
비틀
앞으로 너랑 소주 안 마셔.

문화 독해력 포인트

미국의 초기 자동차 회사들은 브랜드와 차종별로 자동차를 아주 조금씩만 생산했다. 그러다가 갑자기 자동차를 사려는 사람들이 폭발적으로 늘어 자동차 대량 생산 기술이 개발되었다. 그렇게 자동차는 많은 사람이 소유하면서 흔해졌다. 그러자 예전에 소량으로 생산되었던 흔하지 않은 브랜드의 중고 자동차를 몰고 다니려는 사람들이 나타났다. 이 사람들이 원한 것은 특이한 차를 몰아 주변 사람들의 주목을 받는 것이었다. 자동차 생산이 계속 늘고 중고차를 선호하는 사람들도 늘면서 중고차 시장도 덩달아 커졌다. 그러나 중고 자동차 세일즈맨들은 사람들이 아주 귀한 브랜드를 제외하고는 대체로 낡은 자동차를 선호하지 않아 중고차 판매에 어려움을 겪었다. 중고차 세일즈맨들은 희귀한 브랜드일지라도 헌 차는 헌 차일 뿐이라고 여기는 소비자들이 많다는 것을 알게 되었다. 그들은 자동차 앞에 붙는 'old' 또는 'used'라는 단어를 버리고 신선한 느낌을 주는 어감 좋은 용어를 사용하면 소비자들의 중고차에 대한 안 좋은 인식도 바꿀 수 있을 거라는 생각으로 새로운 단어를 찾아 나섰다. 마침내 그들은 오래될수록 좋은 것이라는 이미지를 가진 와인 용어를 발견했다. 중고차를 마치 '오래 숙성된 와인'처럼 느낄 수 있도록 '**vintage**'라는 단어를 빌려온 것이다. 'old/used cars'라는 표현을 '**vintage** cars'로 바꾸자, 놀랍게도 소비자들의 중고차에 대한 부정적 인식이 줄어들기 시작하여 중고차의 판매량이 크게 늘었다. 오늘날에는 오히려 수집용 고급 중고차들을 '**vintage** car'라며 소비자들이 자랑스럽게 구매하는 문화까지 생겼다. 그리고 지금은 자동차뿐만 아니라 추억이 깃들어 수집할 만한 가치가 있는 옛 물건들은 모두 '**vintage**'라고 부르게 되었다. 이런 일화는 단어 하나만 바꿔도 사람의 생각을 완전히 바꾸어 비호감도 호감으로 바꿀 수 있다는 교훈을 남긴 사례라고 할 수 있다.

어휘 추리력 포인트

라틴어로 와인은 vino. 와인에서 나온 단어인 빈티지와 바이닐(비닐) 등은 **V**로 시작된다. 그런데 고대 라틴어는 물론 여기서 파생된 초기 영어 알파벳에도 **V**라는 철자가 없어서 대신 **U**를 썼다. vine은 uino라고 썼고, 이것은 사람에 따라 **V**로 발음하거나 **U**로 발음하기도 했다. 여기서 와인 감별법을 공부하는 학문 이름이 **U**inology → **o**enology로 발전했다. 그리고 와인을 좋아하는 사람은 **o**enophile이라고 한다. 이 단어의 변천 과정도 **u**ino + philos → **u**inophilos → **o**enophile이다. **U** 발음이 길어지면 **W**가 된다. 옛날에는 **V**가 없어서 **W**자를 더블 유, 즉 **UU**로 썼다. 그래서 **u**ine → **uu**ine → **w**ine이 된 것이다. 그리고 포도나무 넝쿨은 **W** 발음이 아닌 '**V**' 발음으로, 즉 **v**ine이라고 했는데 지금은 모든 넝쿨을 **v**ine이라고 부른다. 이런 단어의 변천 과정을 알면 왜 **w**ine과 족보가 같은 단어인데 어떤 것은 **V**로 발음하고 어떤 것은 **W**로 발음하며, 또 어떤 것은 **Oe**로 발음하는지 이해가 될 것이다. 이 단어들은 영어로 들어온 후에도 그대로 쓰여 영어에서도 아주 자주 발견되기 때문에 **W** → **V** → **U**의 발음 변천 과정을 알아두면 영어 단어를 보면서 그 의미를 유추할 수 있는 능력을 기를 수 있다.

11 라틴어에는 Y도 없었다

jung → young

의미 **1**

어리다

juvens/jung → young 어리다

juno 어린 신부 → 제우스의 부인 헤라의 로마식 이름

juno + ior → junior(younger) 자기보다 나이가 어린 사람, 동생, 후배, 아들

Juventas 고대 그리스의 젊음의 신. 나중에 로마가 그리스를 정복하면서 로마 신으로 변함

의미 **2**

철없다, 청춘

juvenile 어리다, 철없다, 유치하다

juvenile delinquency 청소년 범죄

young → youth 젊음, 청춘

youthful 생기가 넘치다, 젊고 팔팔하다

younger 더 젊은, 아버지와 아들의 이름이 같은 경우에는 아들임을 나타냄
(Pliny the Younger, Seneca the Younger 등)

의미 **3**

젊음

yuppie(young urbane professional) 젊어서 성공한 전문직 사람들

re + juvens + ate → rejuvenate 다시 젊게(생생하게) 하다, 소생하다

rejuvenescence 회춘

young turk 청년 정신(정치적 이념)으로 무장한 학생층

* 이탈리아 축구팀의 정식 명칭은 유벤투스Juventus FC.

피부가 상해 엄청난 고통으로 비명을 지를 정도였죠. 더욱 불행한 것은 인간 쪽에서 물려받은 피부는
으악!! 사람살려~
빤스에 뭐가 묻었어!!
지지 아냐?
독약이 묻으면 통증을 심하게 느끼면서 피부가 서서히 녹아 없어지는데, 신 쪽에서 물려받은 피부는 아프기만 할 뿐 피부가 녹지는 않았습니다.
※ 끔찍한 장면이라 다른 이미지로 편집.
헤라클레스는 독약이 주는 통증을 참지 못해 불구덩이로 뛰어들어 스스로 목숨을 끊을 생각도 했습니다.
※ 이것도 편집…
그러나 불구덩이에 뛰어들었는데도 인간 쪽에서 물려받은 피부만 불에 타 없어지고
만화가가 넘 게으른 거 아냐?
※ 이것도…
신 쪽에서 물려받은 피부는 고통만 있을 뿐 타 없어지지 않았죠. 어쨌든 헤라클레스는 불구덩이에서 심한 고통을 받다가
쳇!
최후를 맞이하게 됩니다.
I'll be back!
뿅
깜짝야!
인간의 몸은 죽었지만 영혼은 남아 신이 되었고, 제우스는 헤라클레스를 올림포스로 데려와 살게 했습니다.
그리고 자신의 딸인 유벤타스와의 결혼을 허락했죠.
마침내 헤라클레스는 고통스런 인간의 삶을 정리하고 신들의 세상인 올림포스로 가서 안락한 삶을 누리게 되었답니다.
딴딴따다~
딴따따단~
결혼 행진곡

'유벤타스'는 이미 설명했듯 젊음의 신입니다.
화장술도 필요 없고~
보톡스도 필요 없어요~ 오호홋!
그리스 신화를 보면 올림포스 산에 사는 신들이 산 아래에 사는 인간들과 가장 다른 점은 늙거나 죽지 않고 평생 젊게 살 수 있었던 것인데
이것은 유벤타스가 신들의 식탁에 '넥타'라는 신비한 술을 제공했기 때문이라고 합니다.
nectar
평생 팔팔한 젊음을 공급해주는 젊음의 신인 유벤타스가 후세에 스포츠 팀 이름으로 자주 사용된 것은 바로 그 때문입니다.
JUVENTUS
특히 이탈리아의 토리노시를 대표하는 FC 유벤투스는 이름값을 하는 팀으로 유명하죠.
그런데 로마 신화에 나오는 '젊음의 신'의 이름은 이와 다릅니다. '어리다'는 뜻을 가진 이름 '주노'죠.
내 이름은 Juno.
주노는 그리스의 신 제우스의 아내 헤라의 이름이 로마로 건너오면서 바뀐 것입니다. 그녀는 바로 유벤타스의 어머니죠.
그리스 식으론 HERA 라고 하지. 오호홋!
여, 여보…
주노는 질투가 심하고 남편 제우스와 사이가 좋지 않았던 것으로 유명합니다.
아니 그럼 저 바람둥이가
수 많은 아들, 딸을 만드는데 보고만 있냐?
깨갱!
그 이유는 나이가 들어도 철들지 않아서라는데, 그녀의 이름에도 그것이 나타나 있습니다.
철이 안 든 건 내가 아니라
제우스 라니깐!

의미
2
철없다, 청춘
젊음의 신의 이름을 빌린 이탈리아 토리노 대표 축구팀 이름 Juventus를 보고
Juventus
청춘이라는 단어를 이해하면 쉽게 잊히지 않을 것입니다. 이 팀의 로고는 'J'로 쓰고 '유벤투스juventus' 라고 읽습니다.
Juventus
유벤투스!
엥?
옛 라틴 알파벳에 J가 없어서 I로 시작되는 단어 뒤에 A, U 등이 오면 I가 원래대로 '이'라고 발음되지 않고
I
A…
U…
'야'나 '유'처럼 Y와 비슷한 발음이 났습니다. 이런 발음을 전문용어로 '젖은 소리'라고 하죠.
I = J
(젖으면)
나중에 이 젖은 소리를 표시하기 위해 J가 발명되었습니다. 그래서 J로 시작하는 단어들은 Y로 시작하는 단어와 발음이 같은 경우가 많습니다.
I = J
재미 있네~
이미 설명했듯 라틴어 juventas는 '젊음'이란 뜻입니다. 영어로는 youth라고 하죠.
Juventas = Youth
옛 라틴어에 J 발음과 Y(U) 발음이 둘 다 없었다는 점을 알면 이런 혼돈을 쉽게 이해할 수 있습니다.
Y
uventas = outh
J
예를 들면 'youth hostel'은 배낭여행하는 젊은 학생들을 싼값에 재워주는 호스텔입니다.
Youth Hostel

또 교회의 청소년부는 'youth group'이라고 합니다. 그런데 나보다 어린 사람은 'jun + ior(주니어)'라고 하죠.

우리나라에서도 아동복이나 어린이용 식사 등에 '주니어'라는 단어를 붙여 성인용과 구분하고 있습니다.

미국은 고등학교와 대학교가 모두 4년제인데 3학년을 Junior라고 합니다. 4학년에 비해 어리다는 의미에서 사용하죠.

영어에서 J와 Y가 자주 혼용된다는 사실을 알고 이 단어들의 발음을 잘 들어보면

junior와 younger가 동의어라는 것을 어렵지 않게 알아낼 수 있습니다.

나이 든 사람이 junior 티를 내는 것을 juvenile이라고 합니다. 이것은 '철이 없다', 한마디로 '유치하다'는 핀잔의 의미를 담고 있답니다.

다 큰 사람이 점잖은 자리에서 갑자기 방귀 농담을 던지면

주변 사람들이 얼굴을 잔뜩 찌푸리고 이렇게 말하며 그 사람에게 핀잔을 줍니다.

그리고 미성년자가 범죄를 저지르면 'juvenile crime'이라고 하죠.

문화 독해력 포인트

서양에서는 아버지와 아들의 이름이 같은 경우가 많다. 아버지와 아들이 둘 다 살아 있는 동안에는 주변 사람들이 두 사람의 이름을 많이 헷갈려한다. 한국 같으면 막내 삼촌이 조카를 부르려고 '요한!' 하고 소리를 쳤는데 조카와 이름이 같은 자신의 큰형이 '뭐야?!'라고 대답하며 형 이름을 함부로 불렀다고 화낼 상황이 생길 수 있다. 그러니 아버지 이름을 아들이 물려받아 같은 이름을 사용하면 둘 다 살아 있는 동안에는 두 사람의 이름을 구분한다. 이름 앞에 아버지는 '**elder(→ older)**', 아들은 '**younger**'를 붙이는 것이다. 참고로 서양의 학생들은 세계사 시간에 로마시대 위인들을 공부하며 아버지와 아들 이름이 헷갈려 고생하는 경우가 많다. 저명한 로마시대 학자 세네카의 저서를 보면 'Seneca the **Elder**'와 'Seneca the **Younger**' 등으로 표기되어 있다. 아들과 아버지 이름이 같아서 헷갈릴까 봐 구분해 표기한 것이다. 또 로마시대의 정치가 플리니우스와 법률가인 아들도 이름이 같아서 'Pliny the **Elder**' 'Pliny the **Younger**'로 아들과 아버지 이름을 구분했다.

지금도 미국이나 영국에는 아버지와 아들 이름이 같은 경우가 꽤 많은데 그럴 경우 이름 앞에 '**senior**' '**junior**'를 붙인다. 심지어 손자까지 이름이 같은 경우도 있는데 그럴 땐 아예 이름 뒤에 로마숫자로 'III' 'IV' 'V' 등을 붙여 구분한다. 필자의 고등학교 친구 중 이름이 'Clinton Canady **IV**'라는 친구가 있었다. 그의 할아버지는 'Clinton Canady **Jr**.'였다. 따라서 할아버지 연세가 아무리 많아도 그의 아버지 덕분에 평생 이름에 '**Junior**'를 붙이고 살아야 했다. 자기 아버지에 비하면 어리기 때문에 어쩔 수 없었던 것이다.

그래서 동양에서는 젊은이들에게 가장 중요한 덕목을 '효'라고 가르칩니다.
착해~
한자 '효孝' 자를 보면 젊은 아들이 머리가 센 노인을 부축하는 모양입니다.
孝 =
영차!
오오…
'효'란 젊은 부모가 어린 자식의 양육에 힘을 다 쏟고 노인이 되면 장성한 젊은 자식이 정성껏 부모를 부양해야 하는 것을 말합니다.
그러나 중세 서양에는 '효'라는 개념이 없습니다. 원래 귀족의 직업은 전쟁터에서 싸우는 사람이었으나, 나이 들면 전쟁에 나갈 수 없으니 할 일이 없어지게 됐죠.
젊을 땐 나도…
만약 나이 든 사람이 전쟁터에 나가면 동작이 느려 병력 이동에 방해가 되고 판단력도 흐려져
와- 와-
기다려~
우물쭈물하다가 포로로 잡혀 적에게 병력 주둔지를 노출시키거나
말해!
네.
황급히 후퇴해야 할 때 무기를 놓칠 수 있으므로 모든 병사들의 안전을 해칠 수 있다고 여겼습니다.
도와줘~!!
어휴!
픽-
그래서 '노인 공경'이라는 말은 아예 존재하지 않고, 노인은 그저 할 일 없는 존재로만 여겨왔답니다.
외롭다.
지금의 서양 노인들은 할 일이 많을 수도 있지만, 옛날 서양에는 노인이 할 수 있는 일이 전혀 없었기 때문에
오로워-

'젊다'를 뜻하는 영단어 youth는 원래 '생기'를 뜻하는 선사 유럽에서 만들어진 것으로 봅니다.
Youth =
읏
샤
그래서 youth는 단순히 '젊다'가 아닌 '혈기 왕성하다'라는 뉘앙스가 강하죠.
씩
씩
힘이 남아 도네…
어떤 사람에 대해 'He's youthful'이라고 말하면 '그 사람에게서 혈기 왕성한 젊음이 느껴진다'를 의미합니다.
He's Youthful!
그렇기 때문에 보호가 필요한 어린아이들에게는 youth라는 표현을 쓰지 않는답니다.
응애?
우리나라도 옛날에는 '청년 정신'이라는 것이 있어서 혈기 왕성한 청년들은 정치 개혁을 요구하고
타도
독재
사회 개선을 위해 몸 사리지 않고 데모를 해야 한다는 인식을 가지고 있었습니다.
1900년대 초기, 터키에서 대학생들이 처음으로 국가를 향해 민주화와 서구적 합리주의를 요구했는데
와-와-
이런 정치의식이 높고 폭력을 불사하며 사회 개혁을 요구하는 청년들을 가리켜
오늘날까지 국적을 불문하고 'young turk'라고 부르고 있습니다.
Young Turk!

더위에 지친 사람이 실컷 물을 마신 뒤 생생해지면 'Re－juven－ate' 라고 말합니다.
이때의 rejuvenate는 '다시 젊어졌다'가 아니라 '생기를 되찾았다'로 해석해야 맞습니다.
그러나 명사형 rejuvenescence는 '회춘'을 뜻하죠.

12 북유럽의 W는 남유럽의 G
ward & guard

a. 어근 : g/ward → 지켜보다

의미 1

지키다

guard 지키다, 스포츠 게임의 방어 담당

guardian 어린아이의 법적 보호자, 또는 빌딩의 관리자

ward 인질에서 발전해 고아원, 또는 내가 맡아 보호하는 남의 아이

warden 인질을 지키는 사람에서 발전해 교도소장, 또는 공동묘지 관리원

wardrobe 옷이나 물건을 넣어두고 지키는 곳 → 옷장, 어떤 사람의 옷과 장신구 컬렉션

의미 2

향하다

ward '어느 쪽을 향하다, 몸을 돌려 적을 경계하다, 지키다'에서 발전해 공격을 막아내다

ward off 방어하다, 쫓아내다

forward, backward, downward 어느 쪽을 보다 → 앞으로, 뒤로, 아래로…

fast forward 빨리 감기

toward ~을 향해서(I am being too forward? 내가 너무 앞서가나요?)

backwards 후진적인, 문명의 혜택을 받지 못한, 무지한

awkward '잘못된 쪽으로 몸을 돌리다'에서 어색한 상황을 뜻하는 형용사

의미 3

보다, 지켜보다

regard 눈빛 → 존경심, 경외심

regards 미국에서 편지 쓰기를 마칠 때의 인사말

regarding ~ ~를 보았을 때, ~에 관해서는

disregard '눈을 돌리다'에서 발전해 무시하다, 못 본 척하다, 안 되겠다

의미
1
지키다
카자흐스탄, 아프가니스탄 등이 있는 중앙아시아는 원래 유럽인의 조상들이 살던 곳입니다.
러시아
카자흐스탄
몽고
아프가니스탄
인도
아라비아 해
벵골만
아프리카인과 시베리아인 그리고 중앙아시아 사람들이
나야 나-
점차 이동해 유럽인이 되었기 때문입니다.
교통수단이 걸을 수 있는 다리밖에 없던 선사시대 사람들은
걷는 것 밖에 없다니! 뛸 수도 있다고!
헉헉-
나고 자란 땅보다 더 나은 곳이 있다는 소문을 듣고 그곳을 찾아 이동했습니다.
유럽인 조상 중 하나인 중앙아시아아인은 동쪽의 인도 등에서 이동해온 사람들이었습니다.
위의 지도를 봐!
유럽으로 이동하던 선사시대 사람들 중 일부는 중앙아시아에 머물며 양떼를 모는 유목민으로 지냈습니다.
계속 안 가?
좀 쉬다~
그러나 그들이 머무른 중앙아시아는 예나 지금이나 척박하고 사나운 땅이었죠.
매~
매~
주인님! 배고파요!
너희만 고프냐? 나도 고파!

식량을 구하려면 맹수나 다른 부족 사람들을 죽여야만 겨우 죽지 않을 만큼의 식량을 얻을 수 있었답니다.
먹을 거 다 내놔라!
다 내놔 배고파!
헉-
매-
죽고 죽이는 잔인한 전쟁을 멈추면 결국 굶어 죽을 수밖에 없는 절박한 상황이었던 것이죠.
냠-
냠-
늬들 양 맞아?
양고기가 의외로 맛있네!
따라서 유목민들에게는 양떼가 유일한 재산이었습니다. 양떼가 먹을 풀이 있는 경로를 따라 이동해야 양도 사람도 살 수 있었습니다.
우린 그냥 도둑질도 좋은데…
안 되겠다! 너희가 먹을 풀이 있는 곳으로 가자!
그 때문에 유목민들은 자주 이동해야 해서 한 곳에 정착할 수 없었습니다.
꼬르륵
일정한 주거지가 없으니 문명도 발전할 수 없었죠. 또 식량이 턱없이 부족해 사람이든 짐승이든
배고파…
앗!
먹이를 노리는 것들과 만나면 자신들의 생존을 위협하는 존재로 여겼습니다.
풀이 좀 있네. 먹어라~
즉, 다른 부족이 기르는 양떼가 자기 소유의 양들이 뜯어 먹을 풀을 먼저 걷어 치우면
어… 어…
야 임마!
그 풀은 다 우리 거야!
그 즉시 전쟁을 일으켜 그들의 먹이를 얼른 빼앗아야 했답니다.
결국 이들은 원시시대부터 셀 수 없이 크고 작은 전쟁을 치러 죽음을 무서워하지 않는 터프한 민족이 되었죠.
으아-

중앙아시아에서 유목민으로 살던 선사 유럽인들은 다시 더 나은 땅을 찾아 서쪽으로 이동해 마침내 유럽인이 되었습니다.
바다닷!
중앙아시아에 남았던 사람들은 아프가니스탄과 카자흐스탄 사람들이 되었는데,
터프 터프
오늘날 중앙아시아에 위치한 아프가니스탄과 카자흐스탄은 세상에서 가장 닮은 야생마들이 사는 곳이기도 해서
이곳에서 살았던 적이 있는 유럽인의 아주 오래된 조상들은 말을 잘 탔다는 것을 알 수 있습니다.
이랴~
나도 타고 싶다.
그러나 걸핏하면 전쟁이 일어나 서로 죽고 죽이는 상황이 반복되었습니다. 성벽이나 집도 없이 모포 몇 장만 겨우 말 등에 싣고 다니며 떠돌다가
내놔!
또냐?
들판에서 자야 하는 유목민으로 살던 그들에게는 안전이 가장 골치 아픈 문제였답니다.
깊은 밤중에 예고 없이 급습하는 적들 때문에 밤마다 잠자리 주변에 몇 명씩 보초를 세워야 했죠.
졸지마!
네-
네-
보초를 세우지 않으면 모두 잠든 사이 늑대나 사자 같은 맹수들이 간신히 구한 먹이로 살아남은 양떼들을 잡아먹거나
다른 부족 사람들의 습격으로 아껴둔 식량을 빼앗겼으므로 이를 반드시 조심해야 했답니다.

변변한 텐트조차 없어 매일 밤 허허벌판에 모포 한 장씩 깔고 자는 생활을 했던 그들에게는 보초가 반드시 필요했습니다.
ㅈ
꾸벅-
꾸벅-
그들이 머무는 곳은 사방이 뚫려있어 항상 동, 서, 남, 북 모든 방향을 지켜야 했죠.
보초는 네 명이 한 조가 되어 각기 네 방향을 향해 몸을 돌리고 경계근무를 했습니다.
교대!
이때 이들이 '몸을 돌려 향하다'라는 뜻으로 쓰던 단어 ward가 영어로 들어와 '지키다'로 발전했습니다.
ward
지키다
또 귀찮게 구는 사람을 내 주변에 접근하지 못하게 한다는 'ward off'라는 숙어도 여기서 나왔죠.
ward off
이 숙어는 오늘날 스포츠 용어로 쓰이고 있습니다. 어떤 수비수가 스타 선수에게 악착같이 달라붙어 방어를 하면
왜 나만…
그 스타 선수 옆에 아군 수비수가 붙어서 'ward off'를 하는 것입니다.
내가 상대 해주마!
또 아파트 경비원들의 임무 중 집으로 잡상인이 출입하지 못하도록 막는 것도
경비실
푸르스름 APT
장사~
장사~
이처럼 표현합니다.
The apartment superviser wards off the peddlers.
경비
컥-

척박하고 사나운 땅에서
유목 생활을 했던 옛 유럽인들은
먹고 살기 힘들다!
잦은 전쟁으로도 안전과 식량 문제가
해결되지 않자 적과 평화협정을 맺어
문제를 지혜롭게 해결하는 방법을
찾아냈습니다.
어이!
안녕?
그 옛날에 UN 같은 국제적
평화중재기구가 있었던 것도 아니고,
만약 평화협정을 맺는다고 해도
잘 해보자!
상대방이 협정을 지킨다는 보장이
없었으므로 두 부족 간에
평화협정을 체결하면
근데 믿음이 안 가…
두 부족장의 아들을 서로 맞바꾸어서
상대방 집에서 지내도록 했죠.
교환!
예를 들면 만약 내가 당시 유럽의
한 부족을 이끄는 부족장이고,
다른 부족장과 평화협정을 맺었다면
내가 적 부족장의 아들을 키우고,
적 부족장이 내 아들을 키우는
방식입니다.
이는 만일 내가 평화협정을 어기면
내 아들을 죽여도 된다는 뜻이었죠.
약속 지켜!
너야 말로!
또 내가 인근에서 가장 용맹하고
뛰어난 부족장이어서 주변의 많은
부족장들과 평화협정을 맺었다면
악수 합시다~

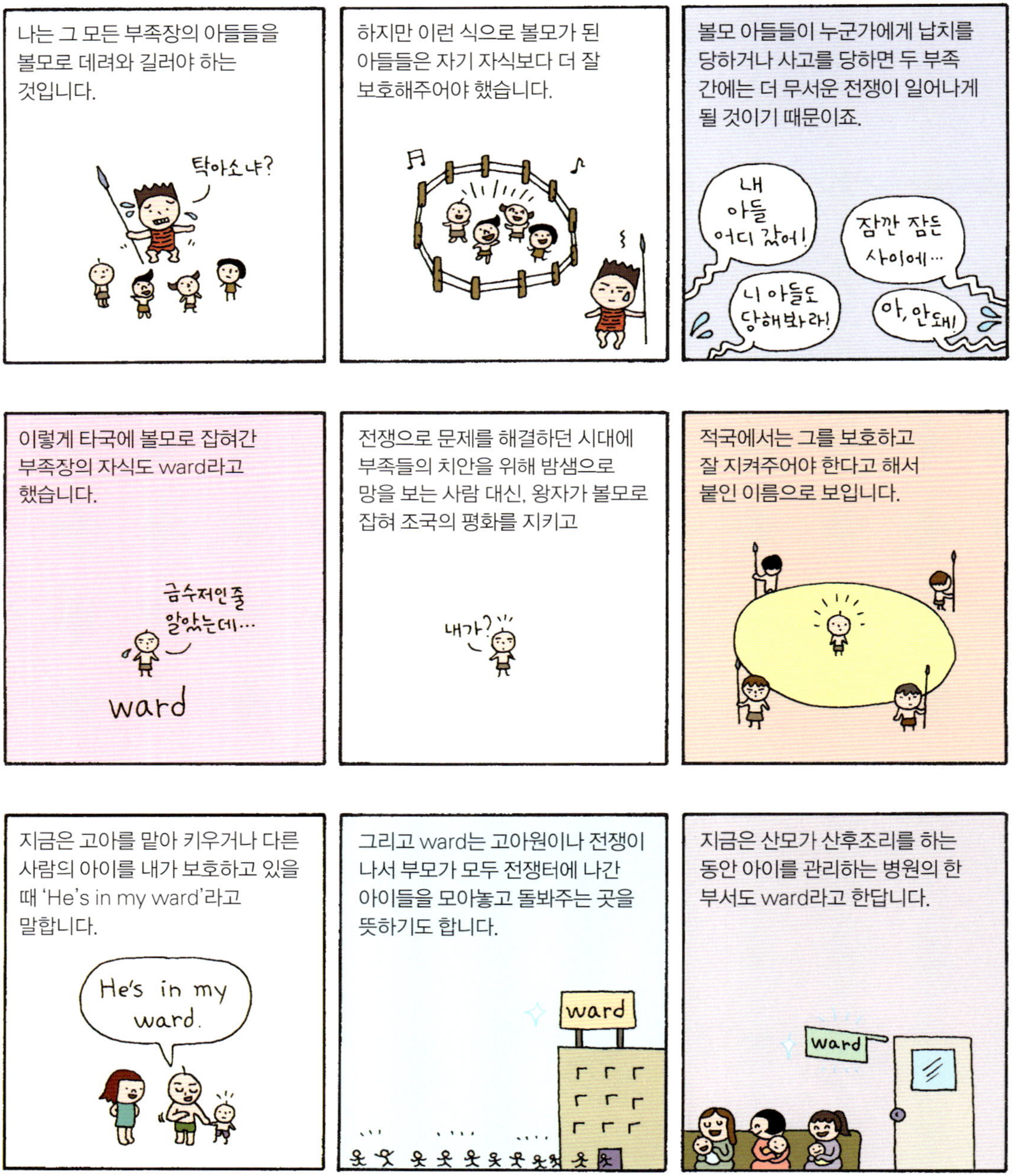
나는 그 모든 부족장의 아들들을 볼모로 데려와 길러야 하는 것입니다.
탁아소냐?
하지만 이런 식으로 볼모가 된 아들들은 자기 자식보다 더 잘 보호해주어야 했습니다.
볼모 아들들이 누군가에게 납치를 당하거나 사고를 당하면 두 부족 간에는 더 무서운 전쟁이 일어나게 될 것이기 때문이죠.
내 아들 어디 갔어!
잠깐 잠든 사이에…
니 아들도 당해봐라!
아, 안돼!
이렇게 타국에 볼모로 잡혀간 부족장의 자식도 ward라고 했습니다.
금수저인 줄 알았는데…
ward
전쟁으로 문제를 해결하던 시대에 부족들의 치안을 위해 밤샘으로 망을 보는 사람 대신, 왕자가 볼모로 잡혀 조국의 평화를 지키고
내가?
적국에서는 그를 보호하고 잘 지켜주어야 한다고 해서 붙인 이름으로 보입니다.
지금은 고아를 맡아 키우거나 다른 사람의 아이를 내가 보호하고 있을 때 'He's in my ward'라고 말합니다.
He's in my ward.
그리고 ward는 고아원이나 전쟁이 나서 부모가 모두 전쟁터에 나간 아이들을 모아놓고 돌봐주는 곳을 뜻하기도 합니다.
ward
지금은 산모가 산후조리를 하는 동안 아이를 관리하는 병원의 한 부서도 ward라고 한답니다.
ward

어휘 추리력 포인트

'w'가 들어있는 북유럽의 단어가 남유럽을 한번 거치는 동안 'g'로 변하는 경우는 이 밖에도 아주 많다. 영국의 '윌리엄'이 프랑스로 가면 '기욤'이 되듯, 'ward'는 프랑스를 거쳐 다시 영어로 으면서 'guard'가 되었다. 그래서 지금은 진짜로 어느 지역을 지키거나, 경계근무 또는 당직을 서는 사람들을 'guard'라고 한다. 마찬가지로 아이들의 법적 보호자도 'Legal guardian'이라고 한다. 원래 'ward'와 'guard'가 동의어였기 때문에 'guardian' 역시 아이를 지키는 사람, 즉 '한 아이의 법적 보호자'를 뜻한다. 한편 'warcen'은 감옥에서 가장 직위가 높은 감시자인 '교도소장'을 뜻한다.

그런 의미에서 'Fast Forward'는 '빨리 앞으로 보내'가 되었고,
Fast Forward!
비디오테이프 레코더가 발명된 후에는 보기 싫은 장면들을 빨리 앞으로 감아 건너뛰는 것을 머리글자만 따서 'FF'라고 하게 되었습니다.
REW
FF
STOP
지금은 이 표현이 숙어로도 쓰이는데 이야기가 전개되다가 일정 부분을 건너뛴다는 의미로
남녀가 만남
'그로부터 석 달 후에'라고 할 때 'Fast forward 3 months'와 같은 식으로 표현합니다.
Fast forward 3 months
석 달 동안 있었던 일들을 직접 보지 않고도 머릿속으로 어떤 일들이 벌어졌을지 충분히 예측할 수 있으니
세 달 만에 애가 생겼어?
그 부분을 건너뛰고 다음 상황부터 본다는 뜻입니다. 이는 지난 3개월간 별 흥미로운 일이 없었다는 뜻이기도 하죠.
충분히 흥미로운데?
'후진적이다'라는 뜻의 backwards는 모욕적인 의미로 쓰이는 단어입니다.
Backwards!
옛날에는 선진국에서 개발도상국을 'backwards nations', 즉 '후진국'으로 부르며 무시했죠.
Backwards Nations!
우리나라는 과거 선진국 사람들이 그런 용어를 거리낌 없이 사용하던 때 이 단어를 들여와
Backwards Nations!
하나 배웠다!

아직도 '후진국'이라는 단어를 아무렇지 않게 사용합니다. 그러나 지금은 '후진국'이라는 단어를 쓰는 사람은 차별주의자로 몰리기 때문에
Backwards Nations!
나빠!
선진국 사람들은 이런 표현을 거의 쓰지 않는답니다. 뉴욕 사람들이 미국 남부에 있는 자기 고향에 대해 이야기할 때
in the most backwards part of our nation...
즉, '우리나라에서 가장 후진적인 곳에 대해 얘기하자면…'이라고 할 경우에나 이런 표현을 사용하죠.
셀프 디스는 언제나 용서가 되니까요.
그리고 어떤 사람이 인종을 차별하거나 여성을 비하하는, 시대에 뒤떨어진 발언을 하면
감히 남자한테!
집에서 애나 봐!
'You're so backwards(넌 정말 뒤떨어졌다)'라는 의미로 사용한답니다.
You're so Backwards.
컥-
학교 학예회나 개강식 같은 단체 행사에서 '좌향좌' '우향우'를 가끔 반대로 하는 녀석들이 있게 마련이죠.
좌향 좌!
어라-
예행연습 때가 아닌 학부모, 선생님들이 다 모인 자리에서 그런 짓을 하면 갑자기 분위기가 썰렁해지겠죠.
......
싸
싸
그러면 다른 학생들이 '별꼴이야'라는 표정으로 쳐다보고, 부모님들은 재미있다는 듯 킬킬 웃습니다.
세상에서 혼자가 된 기분…
웅성~
웅성~

이렇게 '좌향좌' '우향우'를 반대로 해서 웃음거리가 되는 아이들을 보면 대체로 뭔가 별난 점이 있답니다.
그냥 실수였다고요 뭐~
ward가 '같은 곳을 향하여 바라보다'라면 awkward는 '혼자서 다른 방향을 바라보다'입니다.
ward
Awkward
그래서 학교에서 다른 아이들과 어울리지 못하는 아이를 보고 'He's an awkward child'라고 표현하죠.
He's an awkward child.
여러 사람이 대화하던 중, 누군가 기분 나쁜 말을 툭 던져서 분위기가 급격히 냉랭해지면 이것을 'awkward silence'라고 합니다.
......
ㅋㅋㅋ
......
Awkward silence
그리고 새 연인과 산책하던 중에 옛 연인과 길에서 딱 마주치면
머리를 긁적이며 'This is awkward'라고 중얼거리는 장면도 미국 드라마에 자주 등장하죠.
This is awkward.
의미 3
보다, 지켜보다
ward가 '향하다' '경계하다'를 의미하면서 regard는 프랑스어로 '조심히 지켜보다'란 뜻이 되었습니다.
Regard (불어)
옆에서 윗사람이 지켜보면 항상 조심스러운 법. 그래서 이 단어가 영어로 들어오면서 '존경심' '존중심'을 뜻하는 단어가 되었죠.
Regard (영어)

영·미 사람들은 편지 끝에 인사말로 Regards라고 씁니다. 그대로 직역하면 '존경하는 마음을 많이 담았다'가 되고
Regards
의역하면 '마음으로 지켜보며'가 됩니다. 여기에는 상대에게 약간 아부하는 의미도 숨어 있답니다.
Regards?
또 회의 중에 의장이 결정된 안건을 가지고 참석자 중 누군가를 쳐다보면 대체로 그 사람이 이 안건을 실행해야 합니다.
......
설마 저요?
이것을 영어로 말하면 'As regards to you, as it regards me(당신이 신경 써야 할 일은 ~입니다 또는 내가 신경 써야 할 일은 ~입니다)'라고 표현할 수 있습니다.
Why me...
한편, 아는 사람을 보고도 못 본 척하면 그를 무시한다는 뜻으로
휙-
'그쪽으로는 눈도 안 돌린다'는 단어도 생겼는데, 바로 disregard입니다.
이… 이봐.
Disregard
이 말은 '사람을 존중하지 않는다'라는 의미보다 '못 본 걸로 하다'라는 의미가 강합니다.
자네 날 무시하나?
그냥 못 본 걸로…
그래서 미국 법정 드라마에서 증인이 헛소리를 하면 판사가
Jury will disregard this testimony.
판사
배심원
증인
즉, '배심원들은 이 증언에서 눈을 떼시오' → '못 본 걸로 하시오' → '무시하시오'와 같은 뜻의 말을 합니다.
어… 어…
판사
배심원
증인

판사가 이렇게 말하면 재판 기록에서도 내용이 삭제되기도 합니다.
삭제-
O.K-
증인
기록원
판사
많은 여성들이 몇 년 전 세계적인 인기를 모은 미드 〈Sex and the City〉를 보면서
여자 주인공 캐리의 백화점 전시장 같은 옷장을 부러워했을 것입니다.
옷이 가득 들어찬 옷장은 유럽의 중세기에는 가문의 중요한 자산이었답니다.
좋은 옷은 귀족의 상징이었고, 옷장을 채운 화려한 옷들은 모두 수공으로 만든 것이었습니다.
바느질을 좀 더 빨리 할 순 없느냐?
보통 수십 명이 1, 2년간 중노동을 해야만 옷 한 벌이 완성되었기 때문에 옷값은 천문학적으로 비쌌고
엣
헴
기생 오라비?
이런 옷은 보통 대를 이어 물려 입었죠. 그러다가 가세가 기울면 값비싼 옷을 팔아서 어려움을 극복하기도 했답니다.
물려주마~
촌스러…
옷에 붙은 장식이나 액세서리로 사용된 보석들은 대부분 값이 무척 비싼 것이었으므로 집안에 경제적 어려움이 닥치면 그것을 팔아 집안 살림에 보태는 데 사용되었죠.
전당포
옷도 받아요?
그래서 이 시대의 유럽인들은 옷장을 '옷을 지키는guard 곳'이라는 뜻으로 wardrobe라고 했습니다.
아, 아~ 내 wardrobe~

13 환경 따라 변한 H와 G
host & guest

hostess는 '사업상 손님을 받는 여직원' 또는 '사람을 초대한 집의 안주인'이라는 의미인데, hostage는 인질을 뜻하는 말입니다. 발음과 생김새가 비슷하지만 거의 반대말로 쓰이고 있죠. 또 비슷한 단어인 hospital은 손님이 아닌 환자들을 치료해주는 병원을 의미합니다. 이처럼 모양과 발음이 비슷하지만 의미가 완전히 다른 단어들의 관계에 대해 알아보도록 하죠.

어근 : host = 손님을 받는다, 손님 맞는 주인, guest = 외부인, 손님

의미 1 낯선 사람들의 돌발위협이 걱정되다

ghest → host 군대. 지금은 'Lord of (Heavenly) Host'라는 성서적 표현에만 사용됨

hostile 우리 동네로 쳐들어온 적군 같은 → 적대적인

hostilities 적대적 행동, 교전

hostile airspace/waters/territory 적진

hostage 옛날 왕들이 귀족 자제들을 'Host'했다는 데서 나온 말 — 인질

의미 2 내 집을 찾아 도움을 청한 이방인을 대접하다

guest 모르는 사람에서 시작해 지금은 '손님'으로 쓰임

guesthouse 게스트하우스

host + esse → hostess 손님을 맞는 집의 안주인

host + ello → hostel 게스트하우스와 동의어

hostel → hotel 프랑스어로 호스텔 → 고급 여인숙, 즉 호텔

host '손님을 받다'라는 동사

hospice 손님을 받는 장소 → 여인숙 → 병동

hospitality 손님 받기 → 접대(hospitality industry : 숙박업과 요식업)

의미 3 아픈 여행자를 치료해주다

hospital 예루살렘으로 성지 순례 가는 유럽의 그리스도교인들에게 제공되던 숙소 → 병실을 갖춘 병원

knights hospitaller 예루살렘으로 성지 순례를 하러 온 유럽의 그리스도교인들이 무사히 이슬람 국가를 통과하도록 보호해주고 숙식을 제공할 목적으로 창설된 기사단. 한국어 번역으로는 '구호기사단'

의미 1 낯선 사람들의 돌발위협이 걱정되다

즉, '그가 나를 해치려 했다'라고 말합니다. 현대 미군들도 적군을 hostile이라고 부르고 있죠.
hostile!
me?
〈블랙 호크 다운〉 같은 미국 전쟁영화를 보면 'Two hostiles, 3 o'clock' 같은 대사가 자주 나옵니다.
Black Hawk
"세 시 방향에 적 두 명 포착!"
지금의 영어로는 '적진에 들어간다'를 'We are now entering hostile waters/airspace/territory'라고 표현합니다.
hostile에 라틴어 어미 '-itas'를 붙인 단어들이 영어로는 (~ity로 변하는데) hostility, 즉 '적대적 관계'를 뜻하는 명사가 되고
Hostility
이것의 복수형 hostilities는 '적대적 행동', 즉 '교전'이 됩니다.
Hostilities
중세 유럽에서 최악의 불청객은 원정을 위해 자국을 지나가는 타국 군대였습니다.
이런 일은 꽤 자주 일어났는데 타국 군대가 지나갈 수 있도록 길을 빌려주면
그들은 들판에 텐트를 치고 자기들끼리 밥을 해먹거나 대소변도 봤으니, 그야말로 길만 빌린 것은 아니었지요.
그들은 동네 안으로 쳐들어가 아무 집에서나 먹을 것을 빼앗고

부녀자를 겁탈하기도 했습니다.
그런 무도한 행동을 일삼다가 이동 명령이 떨어지면 다음 동네로 이동해서 또다시 똑같은 일을 저질렀죠.
이번엔 저쪽!
헉-
그래서 host라는 단어가 중세 영어에서는 잠시 '군대'라는 뜻으로도 쓰였습니다.
host = 군대
혹시 기독교 신자라면 '하느님의 군단'을 영어로 'God's Army'라고 하지 않고
땡 땡
'Heavenly Host'라고 부르는 이유가 여기 있다는 것 정도만 알아두면 좋을 것입니다.
푸드덕-
푸득푸득-
또 중세 유럽의 왕들은 귀족들이 자신의 왕위를 뺏는 반란을 일으키지 못하도록
불안하다.
귀족의 자제들을 볼모로 잡아다가 자신의 궁에서 살게 하기도 했습니다.
히힛!
강제이긴 했지만 왕의 손님, 즉 host가 되었다는 뜻에서 hostage라는 단어가 파생되었습니다.
잉잉- 엄마, 아빠 보고 싶어요.
hostage
이때부터 hostage는 손님이 아니라 붙잡혀 있는 사람, 즉 '인질' 또는 '볼모'를 뜻하게 되었죠.
가까이 오면 알지?

의미
2
내 집을 찾아
도움을 청한
이방인을 대접하다
유럽인들은 오래전에 자기 동네를
지나치던 이방인들이 적으로
돌변하는 이유가
그들 대부분이 너무 춥고 배고파서
따뜻한 나라를 찾아온
사람들이었으므로
따뜻한
남쪽
나라로…
꼬르륵~
먹을 것과 잠자리 마련을 위한
어쩔 수 없는 행동이었다는 것을
알게 되었던 것 같습니다.
그래서 북방 유럽에서 온 낯선
길손이 자기 집 대문을 두드리고
먹을 것 조금과 헛간이라도 좋으니
잠자리 좀 마련해달라고 애걸하면
베풀어주는 미덕이 차츰 되살아났죠.
이후부터 유럽의 여행자들이
여행 중에 날이 저물거나 지치고
배가 너무 고프면
길가에 있는 아무 집이나 대문을
두드리고 '지나가는 나그네 좀 쉬어
가겠습니다'라고 말하면
먹을 것과 잠자리 문제를 해결할 수
있게 되었습니다. 대문을 두드린
나그네가 특별히 흉악해 보이지 않고,

집주인에게 별다른 사정이 없는 한 나그네를 하룻밤 재워주고 밥 몇 끼 정도 베풀어주는 미덕은 점차 자리를 잡았답니다.
그때부터 유럽인들은 '손님'을 guest라고 부르기 시작했습니다. 이후 유럽인들은 자신의 집을 찾아온 낯선 사람들을 잘 대해주는 관습을 지니게 되었죠.
Guest
guest는 원래 갑자기 쳐들어온 사람, 즉 '불청객'을 의미했습니다.
꽝!
나 왔어!
이렇게 보면 귀신도 예고 없이 쳐들어오는 존재라고 할 수 있죠. 그래서 귀신은 ghost가 되었답니다.
Ghost
그런데 유럽에서 길손에게 친절을 베푸는 미덕이 자리를 잡은 뒤로 guest는
헐!
이 집이 친절하다는 소문이…
'대접해주어야 할 손님'으로 의미가 바뀌었습니다. 주요 행사를 주관하는 기업체에서 초대 손님들에게
You're our guest tonight.
이라고 말하면 '당신들은 우리 행사에 초대된 손님들이니 비용은 신경 쓰지 말고
행사에서 제공하는 각종 서비스들을 무료로 마음껏 즐기십시오. 모든 것은 저희가 제공하겠습니다'라는 의미가 됩니다.
줄줄이~
또 집에 찾아온 손님에게 주인집의 어린아이가 무례하게 대하면 아버지는 아이에게
이 녀석!

어휘 추리력 포인트

원래 **host**와 **guest**는 서로 뜻이 같은 동의어였다. 두 단어는 고대 라틴어라는 같은 뿌리에서 나왔지만 **guest**는 독일 고어를 거쳐 영어로 넘어왔고, **host**는 라틴어에서 직접 영어로 넘어왔다. **host**는 '갑자기 찾아온 불청객'이라는 뜻에서 출발했지만 점차 다양한 의미로 진화되었다. 원래 **guest**와 **host**는 같은 의미였기 때문에 guesthouse와 가장 비슷한 단어는 hostel이다. hospital에서 s 발음이 어려워 p가 떨어지고 단어가 새로 조합되었는데 그것이 hostel인 것이다. 지금은 저렴한 비용으로 여러 사람이 같은 방에 머물 수 있는 숙박시설을 게스트하우스라고 한다. hospital에서 'spi'가 떨어지면서 생긴 hotel은 고급 숙박 시설을 의미한다.

낯선 사람을 환대하고 먹고 잘 곳을 제공해주는 것을 hospitality라고 한다. 'He's a very hospitable person'이란 말은 '그는 자기 집에서 손님에게 맛있는 식사를 대접하고 편한 잠자리도 제공하며 환대해준다'라는 뜻이다. 친구네 집에서 하룻밤을 묵으면 'Thank you for your hospitality'라는 인사말을 남기는 것은 매너이기도 하다.

영어에서는 앞에 in이라는 접두어가 붙으면 반대말이 되는 경우가 많습니다.
in
hospitality에 in을 붙여 inhospitable이라고 하면 '손님 받기 싫어하는 사람'이라는 원래의 의미와 함께
쳇! 귀찮아!
in hospitable
'살기 힘든 지형'을 뜻하기도 합니다. 마치 땅이 사람들을 손님으로 받기 싫어하는 것처럼 불친절하다는 의미일 것입니다.
우리도 귀찮다!
헐-
재미있는 것은, 라틴어에 hospes라는 단어가 새로 생겨 '손님을 받다'로 쓰이고 'host'는 '손님'이 되었다는 점입니다.
Hospes → 손님을 받다
Host → (그냥) 손님
그리고 원래 영어에서는 guest가 '손님'이고 라틴어를 통해서 들어온 host 역시 'guest'의 동의어로 쓰였지만
Guest → 손님
=
Host
오늘날 영어에서는 guest는 '손님' host는 '손님을 받다'로 구분해서 씁니다.
Guest → 손님
≠
Host → 손님을 받다
'I am the host of the event'는 '이 이벤트는 내가 주인으로서 손님을 받는다', 즉 '이 행사는 내가 주관한다'라는 의미가 되죠.
I am the host of the event!
이 표현 속에는 주인인 내가 행사의 모든 비용을 부담해서 편의를 제공한다는 뜻이 숨어 있습니다.
당연하지!
으…
잘 하는 거다!
우리나라에서는 hostess가 종종 유흥업소에서 일하는 여성들을 지칭하는 단어로 변질되어 사용되었지만
PUB & BAR
Hostess

미국에서는 '손님을 초대한 집의 안주인'을 뜻하는 말로 쓰인답니다.
Hostess
그래서 친구 집에 놀러 갔을 경우 친구의 부인이 맛있는 음식을 제공하면,
많이 드세용~
'I thank the hostess'라고 말하는 것이 매너입니다.
I thank the hostess.
의미 3
아픈 여행자를 치료해주다
앞서 host는 '손님'이 아니라 '손님을 받는다'라는 의미로 쓰인다고 설명했죠.
어섭쇼!
이유는 로마 사람들이 '손님을 받다'를 뜻하는 hospes라는 단어를 따로 만들어 사용했기 때문입니다.
로마에 오신걸 환영합니다.
여기서 여러 재미있는 영어 단어들이 파생했습니다. 그중 하나가 hospice인데, 십자군 전쟁 때 널리 유행한 단어이기도 하죠.
당시 유럽인들은 죽기 전에 적어도 한 번은 성지를 순례해야 하늘나라에 떳떳하게 갈 수 있다고 믿었습니다.
성지 순례도 안하고 죽을 순 없지!
암!
그래서 거의 모든 유럽인들이 일생에 한 번은 크리스트교 최고의 성지인 예루살렘에 가 보는 꿈을 안고 살았답니다.
예루살렘에 가고 싶다!

그런데 그 시대의 교통수단이라고는
말이나 도보밖에 없었습니다.
예루 살렘 까지 얼마나 남았냐?
그런 방법으로 프랑스나 독일에서
예루살렘까지 다녀오려면 적어도
2~3년은 걸렸죠.
한 2~3 년 정도요.
게다가 순례 도중 크리스트교인들을
이교도로 보고 적대시하는 이슬람
영토를 무사히 통과해야 했습니다.
웬 놈이냐?
성지 순례자들과 같은
크리스트교인들은 그들을 guest로
환대해주었지만
아멘!
기독교 신자 환영
예루살렘에 도착하기 전에 통과해야
하는 이슬람 영토에서는 전혀 그런
기대를 할 수 없었답니다.
반대
기독교는 안 받음
꺼져
이슬람 온리
돌아갈까?
유럽에서부터 몇 년 동안 걸어서
산과 강과 사막을 지나 드디어
예루살렘 인근에 도착하면 누구라도
몸과 마음이 만신창이가 될 정도로
지치게 되죠.
당나귀는 옛날에 죽었죠.
질 질
그래서 독일 기사단은 자신들이
만든 hospital에서 이들 순례자들이
건강을 회복할 때까지 쉴 수 있도록
서비스를 제공했습니다.
이 'hcspital'은 점차 '병원'으로
의미가 확장되었습니다.
앗! 살았다! Hospital 이다!
여기서 조심할 것 하나! 오늘날에도
서양에서는 환자가 먹고 잘 수 있는
입원실이 있는 병원만 'hospital'
이라고 한다는 것입니다.
Hospital
종합병원급
즉, 개인병원은 'doctor's office'
라고 해야 맞는 표현인 것이죠.
Doctor's office
동네 병원급
호-

문화 독해력 포인트

지금으로부터 약 1,000년도 더 전에는 '매너 교육'이라는 것이 없었다. 유럽에서 온 성지 순례자들이 이슬람 영토를 지나면서 그들의 신성한 장소인 모스크 안에 마구 들어가 술을 마시고 떠들거나 부녀자들을 희롱하고 도둑질까지 하다가 붙잡히는 일이 많았다. 이를 보다 못한 이슬람의 왕들은 유럽인들에게 성지 순례고 뭐고 자기네 영토 안으로는 발도 들여놓지 말라며 엄포를 놓았고, 심지어 유럽의 크리스트교인들이 성지 순례 핑계로 떼를 지어 나타나면 모두 감옥에 집어넣겠다고 으름장을 놓기도 했다. 지금도 자기 나라의 관광객들이 다른 나라에 가서 추태 부리는 모습을 보면 창피해하는 사람들이 많다. 예를 들어 프랑스인들은 해외 여행지에서 음식 투정을 하는 다른 프랑스인들을 만나면 창피함을 느낀다고 한다. 또 영국인들은 술 마시고 떠드는 다른 영국인들을 창피해한다고 하고, 한국인들은 시도 때도 없이 큰소리로 휴대폰 통화를 하거나 공공장소에서 큰 소리로 누군가의 이름을 부르면서 뭔가를 지시하는 다른 한국인을 만나면 창피함을 느낀다. 지금도 그 정도인데 1,000년 전에는 오죽했을까? 그래서 일부 독일의 기사들은 성지 순례 오는 유럽인들을 탈선과 혹시 모를 이슬람교도들의 공격에서 보호하기 위해 '**hospice**', 즉 손님 받을 장소를 만들어놓고 그들을 보호하면서 성지 순례 관광 안내를 하는 사업을 시작했다. 이들은 오늘날까지 'Knights **Hospitaller**' 또는 'Knights of **Hospital**'로 불리고 있다. 이 기사단의 이름은 우리나라 말로 '구호기사단'이라고 하는데, 직역하자면 '호스텔 기사단', 즉 '숙박업 기사단'이다. 우리가 생각하는 일반적인 구호와는 좀 거리가 있는 것이다.

14 라틴 어근에서 온 ter ~

의미 1 메마르다, 덥다

ter + st → thirst 목마름, 갈증

thirsty 목마른 → 성공이나 영광에 목이 마른, 인생에 갈증을 느끼는

thirst → toast 마를 때까지 굽다 → 바삭바삭할 때까지 굽다 → 토스트하다 → toast! 건배! → toaster 토스트기

ter + id → torrid 엄청나게 더운, 바짝바짝 마르는(예: 사막)

ter + ant → torrent 더워서 부글부글 끓어오르는 → 홍수, 사나운 계곡 → 토렌트

의미 2 지구

terra firma 딱딱한 땅 → 바다가 아닌 육지

terra incognita 알려지지 않은 땅 → 미지

terra + strial → terrestrial 지구에 관련된

medi(가운데) +terra(땅) + ian(~한) → mediterranean 땅 가운데의 바다 → 지중해

sub(아래) + terra(땅) + ian(~한) → subterranean 지하

의미 3 땅, 부지, 영토

terra + ain → terrain ~을 위한 땅 → 용지, 부지

terra + ce → terrace 살짝 올린 땅 → 계단식 농토 → 집의 옥상이나 발코니

terra + ian → terrian 땅에 사는, 땅과 관련된 → terrier 지하에 사는 여우 등을 잡는 사냥개 → 테리어

terra(땅) + ory(터) → territory 내가 터를 잡은 땅 → 영토

의미
1
메마르다, 덥다
사람의 몸은 60% 이상이 물로 구성되어 있습니다.
한 이정도?
생명체가 살기 위해서는 많은 물이 필요하죠. 농사를 짓든, 동물을 기르든 물 없이는 불가능합니다.
지구에 해가 뜨면 물은 증발합니다. 땅이 메마르고 사람 몸에서도 수분이 빠져나가 갈증을 느끼죠.
이글- 이글-
이런 상황에서 오늘날 우리가 '헐~' 하며 주저앉는다면 선사 유럽인들은 ter~ 하고 주저앉았던 모양입니다.
Ter!
ter, 즉 갈증을 느끼는 것이 바로 thirst라는 영단어로 남아있는 것을 보면 말이죠.
Ter = Thirst
= 갈증을 느끼다
사람이 갈증을 느끼면 물을 마셔 수분을 보충해야 살 수 있는 것처럼, 사회적 성공이나 돈에 목마르거나
인생의 즐거움에 대한 갈증이 심한 사람들 역시 그것을 보충해야만 원하는 것을 얻을 수 있다고 생각합니다.
돈
명예
성공
'He's thirsty for knowledge (지식에 갈증을 느낀다)'라는 표현처럼 목마름은 이런 식의 비유법으로도 쓰인답니다.
이 책을 읽으며
갈증을 풀고 있죠!

빵을 구우면 수분이 쫙 빠져 바삭바삭해지죠. 이처럼 Ter해질 때까지 구운 빵이 바로 Toast입니다.
빵
빵
Toast!
옛날 앵글로-색슨족은 사귀고 싶은 사람이 생기면 같이 맥주를 나눠 마셨다고 합니다.
우리도 사람들과 술자리를 가지면 '원 샷!' 하면서 맥주나 콜라 같은 음료를 나눠 마시며 친분을 다집니다.
맥주
콜라
← 젖병
그런데 앵글로-색슨족은 맥주를 마실 대 빵 조각을 잘라서 맥주 병 안에 넣어 병 밑으로 가라앉을 때까지 기다렸다고 합니다.
빵조각
그러고는 빵 조각이 목구멍으로 넘어갈 때까지 병 안의 맥주를 끝까지 다 마시라며
끝까지!
'우리 토스트까지 마시기다!'라고 외쳤습니다. 여기서 생긴 Toast!(건배!)는 지금도 쓰이고 있는 말이죠.
우리 토스트 까지 마시기다!
O.K.
유럽의 남쪽 끝, 그보다 더 남쪽의 아프리카 대륙에는 땅이 바짝 말라서 생명체가 도저히 살 수 없는 곳들이 많습니다.
이런 곳은 너무나 ter해서 'torrid zone(메마른 지역)', 즉 '사막'이라고 불렀습니다.
Torrid Zone
오늘날도 torrid는 바짝 말라서 아무것도 자라지 않는 곳이라는 뜻에서 '황무지'라고 합니다.
Torrid

'That person is mentally torrid'는
That person is mentally torrid.
'저 사람은 정신이 황무지다', 즉 '생각이 피폐한 사람'이라는 뜻입니다.
멍~
정신줄 놨네 놨어…
물은 증발하기 전에 먼저 부글부글 끓습니다. 이때 물에서 거품이 나고 증기가 나오는 것을 'torrent'라고 했죠.
부글~
부글~
세차게 내려오는 계곡물에서도 거품이 올라오고 증기가 나옵니다.
콸~
콸~
그래서 '부글부글 끓는 것 같은 계곡물'이라는 뜻에서 이것 역시 'torrent'라고 불렀답니다.
똑 같네-ㄴ
콸~
물론 이것은 조용히 흐르는 얌전한 계곡에는 해당되지 않고
……
졸~
졸~
졸~
커다란 물줄기가 미친 듯이 큰 소리를 내며 가파르게 쏟아져내리는 계곡만을 말합니다.
역시 이게 내 취향이야!
'torrential rain'은 '미친 듯이 퍼붓는 비'를 말하죠.
쏴!
또 컴퓨터로 영상물 등을 계곡물처럼 정신없이 다운로드받는 것 역시 'torrent'라고 부릅니다.
82 %
75 %
49 %
70 %
다운로드 중

의미
2
지구
주로 지중해 연안에 모여 살았던 고대 유럽인들은 지구의 대부분이 바다일 것이라고 믿었습니다.
세상은 대부분이 바다란다.
바다 주변을 마른 땅, 즉 육지가 둘러싸고 있고, 육지의 동서남북 끝은 다시 거대한 바다가 둘러싸고 있다고 믿은 것이죠.
이런 거란다.
바다
육지
바다
네~
지구가 대부분 바다일 거라고 생각했던 이 믿음 때문에 사람이 살 수 있는 지구의 작은 부분인 땅을
물 사이로 삐져나와 있는 마른, 즉 Ter한 땅이라고 해서 Terra라고 불렀습니다.
Terra
유럽의 초기 기독교인들 중 많은 사람이 예루살렘으로 성지순례를 떠났습니다.
예루살렘 앞으로 365일
당시의 유럽인들은 예루살렘이 지구 한가운데에 있고 예루살렘에서 더 동쪽으로 가면
서쪽
예루살렘
동쪽
지구의 중심
아담과 이브가 쫓겨난 지상낙원이 있을 것으로 믿었죠.
지상낙원
그래서 유럽과 아프리카, 아시아를 가르는 거대한 바다를 가운데에 두고 끼리끼리 모여 살며

어휘 추리력 포인트

mediterranean이 '땅 한가운데'라면 'subterranean'은 지구 아래, 즉 '지하'를 뜻한다.

의미
2
땅, 부지, 영토
땅 밑인 지하는 그저 빈 공간이 아니라 많은 동물들이 숨어 사는 또 다른 삶의 터전입니다.
옛날 영국과 프랑스 농민들이 가장 싫어하던 짐승은 바로 여우였습니다. 여우는 어두운 굴 속에 숨어 살다가
밤이 되면 인가로 내려와 텃밭의 농작물을 먹어치워 농부들을 괴롭혔죠.
야 이놈!
히힛-
18세기부터 유럽에는 총이 보급되었는데 농민들은 이때부터 농사일이 조금 한가한 시간에 총을 허리에 차고
두고 보자!
철컥-
개 한 마리를 앞세워 자기 땅 주변을 돌아다니며 동굴에 숨어 있는 여우들을 잡아내서 소탕하러 다녔습니다.
찾아라!
왕!
여우는 낮 동안에는 깊은 굴속에 숨어 지내기 때문에 일단 여우를 굴 밖으로 나오게 해야 총으로 잡을 수 있었습니다.
찾았다 여우굴!
농민들은 이런 상황에 적합하게 훈련된 사냥개를 찾아냈습니다. 이 사냥개는 굴 속으로도 쉽게 들어갈 수 있어서
으르르릉-
여우 굴을 찾아 들어가서 여우가 깜짝 놀라 밖으로 기어 나오도록 하는 역할을 맡았죠.
탕-
탕-
깨갱!
왕! 왕!

그러면 농부는 밖에서 기다리고 있다가 여우가 굴 밖으로 나왔을 때 잽싸게 총을 쏴서 여우를 잡았답니다.
성공!!
이 사냥개는 땅, 즉 terra에 들어간다는 뜻에서 terrier(테리어)라고 불렀습니다.
엣헴!
Terier
고대 유럽의 뱃사공들은 온 세계를 terra라고 불렀지만, 농민들에게는 자기가 사는 땅이 삶의 터전이었습니다.
그래서 땅을 뜻하는 terra에 '터'를 뜻하는 접미사 ory를 붙인 territory를 땅이라는 의미로 사용했죠.
Territory
지금 이 단어는 자기 영토, 영해, 영역 등의 뜻으로 쓰입니다. 예를 들면 독도 문제 같은 것을 'territorial conflict'라고 표현하는 것이죠.
남미의 안데스 산맥에 사는 사람들은
농사 지을 땅이 부족해 산을 계단식으로 깎아서 농사를 지었는데, 이런 계단 모양의 땅을 terrace라고 했습니다.
terrace에 앉아 있으면 앞이 탁 트인 훌륭한 전망을 볼 수 있으므로 지금은 건물의 전망 좋은 베란다나 발코니도 terrace라고 부르고,
집 옆에 테이블을 놓고 차 한 잔 마실 수 있는 공간도 terrace라고 부른답니다.

이렇게 몇 개의 영어 형태소를
공부하다 보면, 형태소는 어느 날
하늘에서 뚝 떨어진 것이 아니라
Ter
Host
Vi
Ward
KiN
영국 사람들이 오랫동안 지지고
볶고 살면서 천천히 쌓아온 것이란
사실을 알 수 있습니다.
지지고-
볶고-
그래서 형태소를 제대로 이해하려면
영단어가 영국으로 이민 오기 전에
살았던 나라로 가봐야 합니다.
영국
유럽
이제 고대 독일, 고대 로마,
고대 그리스로 떠나
고대 독일
고대 로마
고대 그리스
영단어의 조상 단어를 만나볼까요?
그럼
2권에서
계속~